AF110304

"ධම්මෝ හි වාසෙට්ඨා, සෙට්ඨෝ ජනේතස්මිං
දිට්ඨේ චේව ධම්මේ, අභිසම්පරායේ ච."

වාසෙට්ඨයෙනි, මෙලොවෙහි ත්, පරලොවෙහි ත්
ජනයා අතර ධර්මය ම ශ්‍රේෂ්ඨ වෙයි !

- අග්ගඤ්ඤ සූත්‍රය - භාග්‍යවත් බුදුරජාණන් වහන්සේ

ප්‍රජාපතී ගෝතමී මහරහත් තෙරණීන් වහන්සේ පිරිනිවන් පෑ අවසන් මොහොත..!

පූජ්‍ය කිරිබත්ගොඩ ඤාණානන්ද ස්වාමීන් වහන්සේ

© සියලුම හිමිකම් ඇවිරිණි.

ISBN : 978-955-687-165-4

දෙවන මුද්‍රණය : ශ්‍රී බු.ව. 2562 බිනර මස පුන් පොහෝ දින

සම්පාදනය : මහමෙව්නාව භාවනා අසපුව
වඩුවාව, යටිගල්ඔළුව, පොල්ගහවෙල.
දුර : 037 2244602
info@mahamevnawa.lk | www.mahamevnawa.lk

පරිගණක අකුරු සැකසුම, පිටකවර නිර්මාණය සහ ප්‍රකාශනය :
මහාමේඝ ප්‍රකාශකයෝ
වඩුවාව, යටිගල්ඔළුව, පොල්ගහවෙල.
දුර : 037 2053300, 076 8255703
mahameghapublishers@gmail.com

මුද්‍රණය : ලීඩ්ස් ග්‍රැෆික්ස් (පුද්.) සමාගම,
අංක 356 E, පන්නිපිටිය පාර, තලවතුගොඩ.
ටෙලි: 011-4301616 / 0112-796151

ප්‍රජාපතී ගෞතමී

මහරහත් තෙරණීන් වහන්සේ පිරිනිවන් පෑ අවසන් මොහොත..!

පූජ්‍ය කිරිබත්ගොඩ ඤාණානන්ද ස්වාමීන් වහන්සේ

මහාමේඝ
MAHAMEGHA
ප්‍රකාශනයකි

නමෝ තස්ස භගවතෝ අරහතෝ සම්මාසම්බුද්ධස්ස
ඒ භාග්‍යවත් අර්හත් සම්මා සම්බුදුරජාණන් වහන්සේට නමස්කාර වේවා!

ප්‍රජාපතී ගෞතමී

මහරහත් තෙරණින් වහන්සේ පිරිනිවන් පෑ අවසන් මොහොත..!

යා මහාපඤ්ඤා පුථුපඤ්ඤා - භික්ඛුනීනං රත්තඤ්ඤූ
සා ගෝතමී මහා පජාපතී - මාතුච්ඡා බුද්ධ සෙට්ඨස්ස
සරණං කත්වා භික්ඛුනී සංඝං -
පරිනිබ්බුතා මහාගෝතමී නමාමි

'යම් මහා ස්ථවිරාවක් මහා ප්‍රඥාවෙන් යුක්ත වූවා ද, පැතිර ගිය පුළුල් ප්‍රඥාවෙන් යුක්ත වූවා ද, භික්ෂුණීන් අතර චිරාත් කල් පැවිදිව සිටියා ද, ඕ තෝමෝ ගෞතමී මහා ප්‍රජාපතී ය. බුද්ධ ශ්‍රේෂ්ඨයන් වහන්සේගේ පුංචි අම්මා ය. භික්ෂුණී සංඝයාට සරණක් වී පිරිනිවන් වැඩි මහා ගෞතමී තෙරණියට නමස්කාර කරමි.'

1. තුන්ලොව එකළු කළ එක ම පහනක් බඳු, අනුත්තරෝ පුරිසදම්ම සාරථී වූ අපගේ භාග්‍යවතුන් වහන්සේ එසමයෙහි වැඩ වාසය කොට වදාළේ විශාලා මහනුවර කූටාගාර ශාලාවෙහි තනවන ලද මනරම් ගඳකිළි ශාලාවෙහි ය.

2. ඔය කාලයෙහි අපගේ භාග්‍යවතුන් වහන්සේගේ සුළුමව හෙවත් පුංචි අම්මා වන අපගේ මහා ප්‍රජාපතී ගෞතමී මහරහත් තෙරණින් වහන්සේත් ඒ විශාලා මහනුවර ම කරවන ලද රම්‍ය වූ මෙහෙණවර අසපුවක වැඩසිටියාය.

3. එතුමිය එහි වැඩහුන්නී සියලු කෙලෙසුන්ගෙන් නිදහස්ව අමා නිවන් පසක් කළ රහත් මෙහෙණින් වහන්සේලා පන්සිය නමක් සමග ය. එදා ප්‍රජාපතී ගෞතමී තෙරණියගේ නිකෙලෙස් හද මඬලෙහි මෙබඳු චිත්ත සංකල්පනාවක් පැනනැංගේය.

4. "ඒ අපගේ භාග්‍යවතුන් වහන්සේගේ පිරිනිවන් පෑම හෝ, අපගේ අග්‍රශ්‍රාවක දෙනම වහන්සේගේ පිරිනිවන් පෑම හෝ, අපගේ ආනන්ද - නන්ද - රාහුලයන් වහන්සේලාගේ පිරිනිවන් පෑම හෝ මට නම් දැකගන්ට ලැබෙන්නේ නෑ.

5. අපගේ මහා ඉසිවර ලෝකනාථයන් වහන්සේගෙන් අවසර ඉල්ලාගෙන, කල් ඇතිව ම ආයු සංස්කාර අත්හැර දමා මට පිරිනිවන් පාන්ට ඇත්නම් හොඳා...!" යන සිතිවිල්ල යි.

6. ඒ මොහොතේ ම අනිත් පන්සියයක් වූ රහත් තෙරණිවරුන්ගේ සිත් තුළත් 'අපගේ භාග්‍යවතුන් වහන්සේගෙන් අවසර ඉල්ලාගෙන අපට පිරිනිවන් පාන්ට ඇත්නම් අගනේ ය..!' යන චිත්ත සංකල්පනාව ඇතිවූයේය. ඒ අවස්ථාවෙහි ම ඛේමා ආදී අනිකුත් රහත් උත්තමාවියන්ගේ නිකෙලෙස් හදවත්හිත් ඒ අදහස ම පැනනැංගේය.

7. ඒ ක්ෂණයෙහි ම මහා පෘථිවිය කම්පා වී ගියා. අහස්කුස මහා හඬින් ගිගුරුම් දුන්නා. ගෞතමී රහත් උත්තමියගේ චිත්ත සංකල්පනාව දැනගත් මෙහෙණවරට අරක්ගත් දෙවි දේවතාවෝ මහත්සේ කම්පාවට පත්වුනා. හඬා වැලපෙන්ට පටන් ගත්තා. කඳුළු වගුරුවන්ට පටන් ගත්තා.

8. එවිට අප ගෞතමී මහා තෙරණියගේ සහායිකා මිතුරියන් වූ අනිකුත් තෙරණින් වහන්සේලා වහා එතුමිය සොයාගෙන පැමිණියා. පැමිණ එතුමියගේ පා මතුයෙහි සිරසින් වැඳවැටී මෙකරුණ අසා සිටියා.

9. "අපගේ පින්වත් ආර්යාවෙනි, අපි පැන් පහසුවෙන්ට ගොහින් තෙමාගත් සිරුරෙන් යුතුව හුදෙකලාවේ ම යි උන්නේ. ඉතින් එක්වරට ම මේ අචල වූ මහා පෘථිවී තොමෝ සැලි සැලී ගියා නොවැ. කිසියම් බැගෑහඬකින් මේ අහස්කුස ගුගුරා ගියා නොවැ. හැඬීම් වැලපීම් පවා අවටින් ඇසෙන්ට පටන් ගත්තා නොවැ. ගෞතමී උත්තමාවෙනි, කිම, ඇත්තෙන්ම මේවා සිදුවන්නේ කිසියම් විශේෂ කරුණක් නිසා ද?"

10. එතකොට අපගේ මහරහත් ගෞතමී තෙරණියෝ සිය පිරිනිවන් පෑම ගැන යම් අයුරකින් සිතින් කල්පනා කළා නම් ඒ සියල්ල අර මෙහෙණින්නන්ට පවසා සිටියා. එවිට ඒ මෙහෙණින් වහන්සේලා ගෞතමී උත්තමාවියට කියා සිටියේ තමනුත් ශාස්තෘන් වහන්සේගෙන් අවසර ඉල්ලාගෙන පිරිනිවන් පාන්ට ඇත්නම් අගේ ය කියා සිතූ බවයි.

11. "අපගේ ආර්ය උත්තමාවෙනි, ඉදින් ඔබතුමී පරම සුන්දර වූ අමා මහ නිවනෙන් සැනසී යන්ට රුචි කරන්නී නම්, මනා පිළිවෙත් ඇති උත්තමාවියනි, අපි සියල්ලෝමත් එසේ නම් ශාස්තෘන් වහන්සේගෙන් අවසර ඉල්ලාගෙන අනුපාදිශේෂ පරිනිර්වාණ ධාතුවෙන් පිරිනිවී යමු..!

12. අපගේ පින්වත් ආර්යාවෙනි, අපි සියල්ලෝ ම ගිහිගෙයි අත්හැර අනගාරික බුදු සසුනෙහි භික්ෂුණී සංඝයා අතරට පිවිසෙන්නෙමු'යි කියා නික්ම ආයේ එකට ම නොවැ. මේ භව දුකින් අපි හැමෝම නිදහස් වූයේත් එකට ම නොවැ. ඉතින් එසේ නම් උත්තම වූ අමා නිවන් පුරයටත් එකට ම පිවිසෙන්නෙමු..!"

13. එතකොට අපගේ මහා ප්‍රජාපතී තෙරණී තොමෝ මෙසේ පවසා සිටියා. "අමා මහ නිවනට යන්ට ඕනෑ කියන්නියන් හට මං ඉතින් වෙන කුමක් කියන්ට ද..!" යි පවසා අපගේ මහා තෙරණියෝ අනිත් තෙරණින් වහන්සේලා සමග භික්ෂුණී අසපුවෙන් නික්ම බැහැරට පිටත් වුනා.

14. අපගේ මහා තෙරණියෝ මෙහෙණ අසපුව දෙස හැරී බලා මෙසේ පැවසුවා. "අනේ... මේ භික්ෂුණී අසපුවට අධිගෘහිතව සිටින්නා වූ යම් දෙව් දේවතාවෝ වෙත් ද, ඒ දිව්‍ය ඇත්තෝ මා හට සමාවෙත්වා! මං මේ මෙහෙණවර දෙස නෙත් විදහා බලන අවසාන දැක්ම යි..!

15. ජරාවට පත්වීමක් නැති, මරණයට පත්වීමක් නැති, අප්‍රියයන් හා එක්වීමේ දුකක් නැති, ප්‍රියයන්ගෙන් වෙන්වීමේ දුකක් නැති යම් තැනක්

ඇද්ද, හේතුඵල දහමින් නොහටගත් යම් තැනක් ඇද්ද, ආං එතැනටයි මං මේ යන්ට සූදානම් වන්නේ" කියා ඕ තොමෝ පවසා සිටියා.

16. අපගේ ප්‍රජාපතී ගෞතමී රහත් තෙරණිය පැවසූ මේ බස්, විසල්පුර සිටි සුගතයන් වහන්සේගේ පුත්‍ර වූ නොරහත් භික්ෂූන් වහන්සේලාට ද අසන්ට ලැබුනා. එය අසා සෝකයට පත් භික්ෂූන් හඬා වැලපෙන්නට පටන් ගත්තා. "අයියෝ... අපගේ ගෞතමී තෙරණිය ව දකින්ට අපට ඇත්තේ ඉතාමත් මඳ පිනක් නොවේදෝ...!" කියා ය.

17. ප්‍රජාපතී ගෞතමී මහරහත් තෙරණිය ප්‍රමුඛ පන්සියයක් වූ සියලු තෙරණින් වහන්සේලා ඒ මෙහෙණවර අසපුවෙන් පිටත්ව වැඩියාට පසු ඒ ආරාම භූමිය සම්පූර්ණයෙන් ම හිස්ව පාලු වී ගියා. උදයෙහි හිරු මඬල උදාවී ගිය පසු අහස පුරා දිලිසි දිලිසී බැබළී ගිය තාරකාවෝ යම් අයුරකින් නොපෙනී යන්නාහු ද, එසෙයින්ම ඒ බුද්ධපුත්‍රීන් වහන්සේලාත් පිරිනිවන් පෑ පසු ලෝකයේ කාටවත් නැවත දකින්ට ලැබෙන්නේ නෑ.

18. මහා ගංගා නදී තොමෝ පන්සියයක් වූ නදීන් පිරිවරාගෙන මහා සාගරයට යම් අයුරකින් පිවිසෙන්නී ද, එසෙයින්ම අපගේ මහා ප්‍රජාපතී ගෞතමී තෙරණියෝ පන්සියයක් භික්ෂුණීන් වහන්සේලා සමග අමා මහ නිවනට පිවිසෙන්නී ය.

19. සැදැහැවත් උපාසිකාවන් හට පිරිනිවන් පෑමේ අදහසින් මහ මාවතේ වඩින්නා වූ අපගේ ප්‍රජාපතී මහ තෙරණිය දැකගන්ට ලැබුනා. ඒ උපාසිකාවෝ

නිවෙස්වලින් වහා දුව ඇවිත් එතුමිය පාමතුයෙහි වැඳ වැටී මෙසේ කියන්ට පටන් ගත්තා.

20. "මහා පින්වත් උත්තමාවිය, අනේ අප ගැනත් පැහැදීම ඇතිකරගන්නා සේක්වා! අනේ අපව අනාථ කොට අත්හැර නොදමන සේක්වා! ඔබතුමී දැන් ම පිරිනිවන් පාන්ට සිතීම නම් හරි දෙයක් නොවේ" කියා මහ හඬින් වැලපෙන්ට පටන් ගත්තා.

21. ඒ උපාසිකාවන්ගේ සෝක දුක දුරුකර දමනු වස් අපගේ ගෞතමී මහතෙරණියෝ මෙබඳු මිහිරි තෙපුල් පවසා සිටියා. "පින්වත් දරුවෙනි, ඔය හඬා වැලපීම්වලින් කිසි පලක් නෑ නොවැ. ඇත්තෙන්ම මයෙ දරුවෙනි, අද තොපට සිනාසීමට මෙය ම යි කාලය.

22. ඒ මෙනිසා නොවැ පින්වත් දරුවෙනි. මං ඉතින් අප මහා මුනිඳාණන් වහන්සේ වදාළ දුක්ඛාර්ය සත්‍යය පිරිසිඳ අවබෝධ කරගත්තා නොවැ. ඒ දුක් උපදවන හේතූන් වන දුක්ඛ සමුදය ආර්ය සත්‍යය මං ප්‍රහාණය කරගත්තා නොවැ. දුක්ඛ නිරෝධය මං සාක්ෂාත් කරගත්තා නොවැ. දුක් උපදවන හේතූන් නසා දමන මාර්ගය වූ උතුම් ආර්ය අෂ්ටාංගික මාර්ගය මං මනාකොට ප්‍රගුණ කරගත්තා නොවැ.

23. ඉතින් දරුවෙනි, මාගේ ශාස්තෘන් වහන්සේව මං ඉතාම ගරුසරු ඇතිව ඇසුරු කළා නොවැ. ඔව් දරුවෙනි, මං උතුම් බුද්ධ ශාසනය සම්පූර්ණ කරගත්තා. මේ පංචුපාදානස්කන්ධ බර සදහටම පසෙකින් බහා තැබුවා. තෘෂ්ණාව මුළුමනින් ම නසා දැම්මා.

24. පින්වත් දරුවෙනි, මං ගිහි ජීවිතේ අත්හැරලා අනගාරික බුද්ධ ශාසනයේ පැවිදි වුනේ උතුම් ප්‍රාර්ථනාවක් සිතේ තබාගෙන යි. සියලු කෙලෙස් බන්ධනයන් නැතිකොට ලබන ඒ උතුම් යහපත මං ඉෂ්ට කරගත්තා.

25. අපගේ ශාස්තෘ වූ සම්මා සම්බුදු රජාණන් වහන්සේ යම්තාක් හොඳින් වැඩඉන්නා කාලයක් ඇද්ද, ඒ උත්තමයන් වහන්සේ විසින් වදාරන ලද උතුම් ශ්‍රී සද්ධර්මයත් කිසි අඩුපාඩුවක් නැතිව යම්තාක් බබළන කාලයක් ඇද්ද, ඉතින් ඒ මේ කාලේ නොවැ. මේ කාලේ මට පිරිනිවන් පාන්ට බොහොම හොඳා. පින්වත් දියණිවරුනි, එනිසා ඔයාලා මං ගැන ඔහොම සෝක වෙන්ට එපා.

26. අනික, අපගේ අඤ්ඤා කොණ්ඩඤ්ඤයන් වහන්සේ, ආනන්දයන් වහන්සේ, නන්දයන් වහන්සේ ආදී මහා තෙරුන් වහන්සේලා වැඩ ඉන්නවා නොවැ. ජිනපුත්‍ර වූ අපගේ රාහුලභද්‍රයන් වහන්සේත් වැඩ ඉන්නවා නොවැ. මේ කාලේ භික්ෂු සංඝයා සැපවත්ව යහපතින් යුක්තව වැඩඉන්නවා නොවැ. ඒ වගේම මිසදිටු තීර්ථකයන්ගේ හිස් මාන මද බිඳිලා නොවැ.

27. ලොව බලපවත්වන මාර බලය මැඩගෙන ඔක්කාක රාජ වංශයෙන් මතුවූ යශෝරාවය ඉතා උස්ව පැන නැගිලා තියෙනවා නොවැ. ඉතින් දියණිවරුනි, දැන් මේ තියෙන්නේ මට අමා මහ නිවනට යන්ට ඉතා සුදුසු කාලයක් නොවේ ද?

28. දියණිවරුනි, අද මේ සිද්ධ වෙන්ට යන්නේ මං බොහෝ කලක් මුළුල්ලේ පත පතා සිටි දෙයක්..! මේ තියෙන්නේ සතුටු නාද දෙන ආනන්දනීය වූ භේරි නාදය වයන කාලයක්..! හනේ දියණිවරුනි, ඔයාලාගේ ඔය කඳුළුවලින් ඇති ඵලය කුමක් ද?

29. පින්වත් දියණිවරුනි, එහෙම නොවේ. ඉතින් ඔයාලාගේ සිතේ මා කෙරෙහි දයාවන්තකමක් තියෙනවා නම්, මා කෙරෙහි ඔයාලා තුළ කෙළෙහිගුණ දන්නා බවක් තියෙනවා නම්, මේං මේකයි කරන්ට ඕනෑ. 'මේ උතුම් ශ්‍රී සද්ධර්මය චිරාත් කාලයක් පවතිත්වා!' කියා ඔය හැමෝම ධර්මයේ හැසිරෙන්ට ම පුළුවාන් තරම් වීරිය ගන්ට.

30. මං ඉතාමත් දුකසේ ආයාචනා කිරීම නිසා ම යි අපගේ සම්මා සම්බුදුරජාණන් වහන්සේ ස්ත්‍රීන් කෙරෙහි අනුකම්පාවෙන් භික්ෂුණී පැවිදි උපසම්පදාව ලබාදුන්නේ. ඒ නිසා මං උතුම් පැවිදි බව ලබා සතුටු වන්නේ යම් ආකාරයෙන් ද ඔයාලත් ඒ විදිහට ම ධර්මයෙහි ම හැසිරෙමින් සතුටු වෙන්ට. ඒ විදිහට කටයුතු කරන්ට."

31. ඔය ආකාරයෙන් අපගේ ප්‍රජාපතී ගෞතමී තෙරණී තොමෝ ඒ උපාසිකාවන්ට කාරුණික අනුශාසනා කළා. ඊටපස්සේ රහත් තෙරණින් වහන්සේලා පිරිවරාගෙන භාග්‍යවතුන් වහන්සේ බැහැදකින්ට එළඹියා. එළඹ භාග්‍යවතුන් වහන්සේට ආදර භක්තියෙන් වන්දනා කොට එකත්පස්ව වාඩිවී මෙකරුණ පවසා සිටියා.

32. සුගතයාණන් වහන්ස, මං නුඹවහන්සේගේ මව් වශයෙන් සිටියා. නමුත් මහාවීරයාණන් වහන්ස, නුඹවහන්සේ ම යි මගේ පියාණන් වහන්සේ. ලොවට පිහිට වන මුනිඳාණන් වහන්ස, නුඹවහන්සේ ම යි මට මේ සදහම් සැපය දී වදාළේ. සත්තකින් ම පින්වත් ගෞතමයාණන් වහන්ස, මං උපන්නේ නුඹවහන්සේ තුළින්..!

33. සුගතයාණන් වහන්ස, නුඹවහන්සේගේ ඔය රූපකාය මං පෝෂණය කළා, ඇතිදැඩි කළා තමයි. එහෙත් නුඹවහන්සේ මා තුළ පෝෂණය කොට වදාළේ කිසිසේත්ම නින්දා නොලබන විස්මිත දහම් කයක්..!

34. ඒ කාලේ නුඹවහන්සේගේ මොහොතක සාපිපාසාව සංසිඳුවා ලන්ට මං කිරි පෙව්වා තමයි. එහෙත් නුඹවහන්සේ මට පොවා වදාළේ අත්‍යන්තයෙන් ම නිවී සැනහී ගිය අමා දහම් කිරි..!

35. මහා මුනිවරයාණන් වහන්ස, නුඹවහන්සේව ඇතිදැඩි කළ හේතුවෙන් නුඹවහන්සේ මට ණය නැති සේක. මේ ලෝකයේ යම් ස්ත්‍රීහු පුත්‍රයන් ලබන්ට කැමති වෙත් නම්, සත්තකින් ම ඒ ස්ත්‍රීහු නුඹවහන්සේ වැනි උදාර පින්සර පුත්‍රුවනක් ලබත්වා..!

36. මහා මන්ධාතු ආදී බලසම්පන්න රජදරුවන්ගේ මව්බිසොවුන් වහන්සේලා සිටියත් එහෙත් ඒ හැමෝම මේ දුක්ඛිත භව සයුරේ ගිලී ගියා. නමුත් මාගේ අදරැති පුත්‍රයාණන් වහන්ස, නුඹවහන්සේට කිරි පෙවූ මේ අම්මාව නුඹවහන්සේ භව සයුරෙන්

ගොඩ ගෙන අමා නිවන් දිවයිනෙහි පිහිටුවා රැකවරණය දී වදාළා නොවේ ද..!

37. ඒ රජදරුවන්ගේ අම්මලාටත් රාජමාතාව කියනවා. නැත්නම් රාජමහේෂිකා කියලත් කියනවා. ස්ත්‍රීන්ට ලැබෙන ඒ නාමයන් ඉතාමත් සුලභව අසන්නට ලැබෙනවා. නමුත් යම් අම්මා කෙනෙකුට 'බුද්ධමාතා' යන උතුම් නම අහන්ට ලැබෙනවා නම් ඇත්තෙන්ම ඒ නාමය අසන්ට ලැබීම අතිශයින්ම දුර්ලභයි.

38. මහා වීරයාණන් වහන්ස, මං බොහෝ කල් මේ සසරේ පතාගෙන ආ ප්‍රාර්ථනාවක් නිසා ම යි නුඹවහන්සේව මට ලැබුණේ. ඉතා පුංචි දෙයක් වේවා මහා දෙයක් වේවා නුඹවහන්සේ වෙනුවෙන් මං කළයුතුව තිබුණු සෑම දෙයක් ම සම්පූර්ණ කළා.

39. සසර දුක් නැතිකරන, ලෝකනායක වූ වීරයාණන් වහන්ස, මං මේ ශරීරය අත්හැරලා අනුපාදිශේෂ පරිනිර්වාණ ධාතුවෙන් පිරිනිවන් පාන්ට කැමතියි. මට එයට අවසර දී වදාළ මැනව.

40. මහා වීරයාණන් වහන්ස, චක්‍ර ලක්ෂණය, අංකුස හෙවත් හෙණ්ඩුවේ ලක්ෂණය, ධජ ලක්ෂණය යනාදියෙන් ආකීර්ණ වී ගිය, කෝමළ රක්ත වර්ණ පද්මයක් බඳු නුඹවහන්සේගේ ඒ ශ්‍රී පාදයන් මොහොතකට දිගුකොට වදාළ මැනව. පුත්‍ර ප්‍රේමයෙන් යුක්තව මං නුඹවහන්සේට ප්‍රණාමය පුද කරන්ට ඕනෑ.

41. මහා රන් කඳක් බඳු නුඹවහන්සේගේ රන්වනින් බැබළෙන ඔය ශ්‍රී ශරීරය පෙන්වා වදාළ මැන. දෙතිස් මහා පුරිස් ලකුණින් බබළන නුඹවහන්සේගේ රන්වන් ශ්‍රී ශරීරය මේ දෑසින් අවසන් වතාවට දැකබලාගෙන, නායකයාණන් වහන්ස, මං ශාන්ත වූ අමා නිවනට යන්නම්.

42. එතකොට අපගේ මහා කාරුණික භාග්‍යවතුන් වහන්සේ දෙතිස් මහා පුරිස් ලකුණින් බැබළී ගිය අලංකාරවත් වූ අසිරිමත් වූ සම්බුදු බඳ, නැගී එන හිරුමඬලක් වලාවෙන් මිදී දර්ශනය වන සෙයින් තම පුංචි අම්මා වන ප්‍රජාපතී තෙරණිය හට දර්ශනය කොට වදාළ සේක.

43. එතකොට අපගේ ප්‍රජාපතී ගෞතමී තෙරණී තොමෝ, මැනවින් පෙති විහිදා පිපී ගිය අරවින්දයක් (පියුමක්) බඳු, හිමිදිරි අහසේ නැගී එන ළහිරු මඬලක් බඳු, සක් ලකුණු ආදියෙන් බැබළී ගිය අප භාග්‍යවතුන් වහන්සේගේ ශ්‍රී පාද පද්මය මත සිරසින් වැඳවැටුනාය.

44. "සූර්ය වංශය තුන්ලොවෙහි බැබළවූ මහා ධජය වූ නරහිරුමඬලාණෙනි, මාගේ මරණය සිදුවන මේ අවසන් මොහොතේ මම නුඹවහන්සේට නමස්කාර කරමි. මං යළි කිසිදාක මේ දෑසින් නුඹවහන්සේව දකින්නේ නෑ.

45. ලොවෙහි මුදුනට වැඩි මුනිඳාණන් වහන්ස, ලෝකයෙහි ස්ත්‍රීන් යනු බොහෝ අඩුපාඩු සහිත වූ දොස් සහිත වූ පිරිසක් බව මටත් තේරෙනවා. අනේ ඒ නිසා මා අතිනුත් කිසියම් අඩුපාඩුවක් දොසක්

වූයේ නම් කරුණාවට ආකරයක් බඳු මුනිඳාණන් වහන්ස, මට සමාව දෙන සේක්වා..!

46. ස්ත්‍රීන්ටත් මේ බුදු සසුනෙහි පැවිදි බව ලබාදෙන්ට කියමින් අනේ මාත් නැවත නැවත ඉල්ලා සිටියා. ඉතින් ඒ කටයුතුවලදී මා අතින් කිසියම් අඩුපාඩුවක් දොසක් වූයේ නම්, නරෝත්තමයන් වහන්ස, මට සමාව දෙන සේක්වා..!

47. මහා වීරයාණන් වහන්ස, නුඹවහන්සේ භික්ෂුණීන් හට අවවාද අනුශාසනා කරන්ට කියා මා හට පනවා වදාළ නිසා මාත් භික්ෂුණීන් වහන්සේලාට අවවාද අනුශාසනා කළා. ලොවට සමාව දෙන්නවුන් අතර අග තැන්පත් මුනිඳාණෙනි, අනේ... එසේ අවවාද අනුශාසනා කිරීමේදී මා අතින් ඒ භික්ෂුණීන් හට වරදවා කළ අවවාද අනුශාසනාවක් වූයේ නම් ඒ ගැන මට සමාව දෙන සේක්වා..!"

48. එතකොට අපගේ භාග්‍යවතුන් වහන්සේ ගෞතමී මහරහත් තෙරණියට මෙසේ වදාළා. "ගුණධර්මයෙන් බැබළී ගිය තැනැත්තී, සමාවක් දීමට තරම් කිසිදු කරුණක් දකින්ට නැති කල්හී කවර කරුණකට නම් සමාව දෙන්ට ද? අමා නිවන කරා පිරිනිවන් පෑම පිණිස පිටත්ව යන්නා වූ ඔබට මතු මත්තෙහි මං කුමක් නම් කියන්ට ද?

49. පාරිශුද්ධ ගුණයෙන් කිසිදු අඩුවක් නැතුව සිටින මාගේ ශ්‍රාවක භික්ෂු සංඝයා කෙමෙන් කෙමෙන් මේ ලෝකයෙන් නික්මී පිරිනිවීමට යන්ට පටන් අරගෙන තියෙන කාලයෙහි, හිරු මඬල උදාවීගෙන එද්දී අහස්කුස දිලිසෙමින් බැබළී ගිය තාරුකාවන්ට

සිදුවන ව්‍යසනය දැක කලින් ම ආකාසයෙන් ඉවත්වන චන්ද්‍රලේඛාවක් වගෙයි ඔබ."

50. සඳ මඬල පිරිවරාගත් තාරුකා පෙළක් මහාමේරු පර්වතය පැදකුණු කරන්නා සෙයින් ඒ අනිත් රහත් තෙරණින් වහන්සේලාත් භාග්‍යවතුන් වහන්සේව ප්‍රදක්ෂිණා කළා. භාග්‍යවතුන් වහන්සේගේ පාමුල වැඳවැටුනා. භාග්‍යවතුන් වහන්සේගේ මුව මඬල දෙස නෙත් විදහා බලා සිටියා.

51. එතකොට මහා ප්‍රජාපතී ගෞතමී තෙරණියෝ මෙසේ පැවසුවා. "අනේ මහා වීරයාණන් වහන්ස, නුඹවහන්සේගේ මුවමඬල දෙස කොයිතරම් කල් බලාසිටියත් මේ දෑස නම් කවරදාකවත් සෑහීමකට පත්වන්නේ නෑ. නුඹවහන්සේගේ වචනවලට කොයිතරම් කල් සවන් දීගෙන සිටියත් මේ කනත් එහෙම තමා. කවරදාකවත් සෑහීමකට පත්වන්නේ නෑ. නමුත් මුනිඳාණන් වහන්ස, හුදෙක් මාගේ මේ එකම එක සිත ඒ අමා දම් රසයෙන් සම්පූර්ණයෙන් ම තෘප්තිමත් වුනා. සෑහීමට පත්වුනා.

52. නරෝත්තමයන් වහන්ස, මිසදිටු වාදබල මැඬගෙන නුඹවහන්සේ පිරිස් මැද අභීත සිංහනාද පවත්වද්දී යම් කෙනෙකුට නුඹවහන්සේගේ අසිරිමත් මුව මඬල දකින්ට ලැබුණොත්, සත්තකින් ම ඒ ඇත්තෝ මහා පින්වන්ත යි..!

53. අසිරිමත් ලොව්තුරු ගුණ දරන මුනිඳාණන් වහන්ස, දිගු පා ඇඟිලි ඇති, තඹ පැහැයෙන් දිලිසෙන නිය ඇති, දික් වූ විළුඹ ඇති, අතිශයින් ම ලස්සන නුඹ වහන්සේගේ ශ්‍රී පාද පද්මයන් යමෙකුට වන්දනා

කරන්ට ලැබෙනවා නම්, සත්තකින් ම ඒ හැමෝම මහා පින්වන්ත යි..!

54. නරෝත්තමයාණන් වහන්ස, මධුර රසයෙන් පිරී ගිය, සිතට මහා ප්‍රීතිය ඇතිකරවන, සිත පෙළන ද්වේෂය නැතිකරන, සිතට සුව පහසුව ඇතිකරන, නුඹවහන්සේ පවසන අරුත් පිරි සම්බුදු වදන් ලොවෙහි කාට හෝ අසන්ට ලැබෙනවා නම්, සත්තකින් ම ඒ හැමෝම මහා පින්වන්තයෝ..!

55. මහා වීරයාණන් වහන්ස, මටත් පුළුවන් වුනා නුඹවහන්සේගේ කෝමල සිරිපා කමල් නිතර නිතර වැඳුම් පිදුම් කරගන්ට. මටත් පුළුවන් වුනා මේ බිහිසුණු සසර කතර තරණය කරගන්ට. ශ්‍රීමතාණන් වහන්සේ වදාළ සුන්දර අරුත්බර වදන් ඇසීමෙන් ම යි මං ඒ සැනසීම ලැබුවේ. එනිසා මාත් මහා පින්වන්ත යි..!"

56. ඊට පස්සේ ඉතා යහපත් වත පිළිවෙතින් යුතු ගෞතමී තොමෝ භික්ෂු සංඝයාටත් අනුශාසනා කොට, අපගේ ආනන්ද - නන්ද - රාහුලයන් වහන්සේලාට වන්දනා කොට මේ වචන පැවසුවා.

57. "පින්වත් දරුවෙනි, මේ ශරීරය නම් විෂඝෝර සර්පයන් වාසය කරන තැනක් බඳු යි. සකලවිධ රෝගයන්ට නවාතැන් දෙන නිවසක් බඳු යි. ජරාවට පත්වීමටත් මරණයටත් ගොදුරු වන මේ ශරීරය නම් දුකින් පරිපීඩිත එකක්.

58. මේ ශරීරය නානාප්‍රකාර කුණු කසලවලින් ගහණ වූ එකක්. නොයෙක් සතුන්ට වාසභූමිය වූ තැනක්.

තමාගේ යැයි සැළකිය හැකි කිසිවක් මේ ශරීරයෙහි නෑ. මං මේ කය ගැන කළකිරිලා ඉන්නේ. අනේ පින්වත් දරුවෙනි, මං පිරිනිවන් පාන්ට කැමතියි. එයට මට අවසර දෙන්ට."

59. ආයුෂ්මත් නන්දයන් වහන්සේත්, ආයුෂ්මත් රාහුලභද්‍රයන් වහන්සේත් ආශ්‍රව රහිත සිත් ඇතිව, අත්හරින ලද සෝක ඇතිව සිටිනා හෙයින් සුළඟට නොසෙල්වෙන ඒකඝන වූ ගල් පර්වතයක් සෙයින් ඒ අවස්ථාවෙහි නොසැලී අකම්පිතව සිටියා. සංස්කාර ධර්මයන්ගේ යථා ස්වභාවය මෙසේ මෙනෙහි කළා.

60. "හේතුඵල දහමින් සකස් වූ, අඥාන ජනයා ලොල්වන, ස්ථිරව පවතින කිසිවක් නැති, අරටු රහිත කෙසෙල් කඳක් බඳු, මායාවක් බඳු, මිරිඟු දියක් බඳු, වහා නැසෙනසුළු, ස්ථිරව නොපවතින මේ කයට නින්දා වේවා..!

61. මෝ තොමෝ තුන්ලෝ දිනූ අප මුනිඳාණන් වහන්සේගේ පුංචි අම්මා ය. අප බුදුරජාණන් වහන්සේගේ සිරුර කුඩා අවදියෙහි කිරි පොවා පෝෂණය කළ ප්‍රජාපතී ගෞතමියෝ ය. දැන් ඕ තොමෝ පිරිනිවන් පාන්නට සූදානම් වන්නීය. අහෝ...! හේතුඵල දහමින් සකස් වූ සෑම දෙයක් ම අනිත්‍ය යි..!"

62. නමුත් ඒ වන විට අපගේ ආනන්දයන් වහන්සේ සෝවාන් ඵලයට පමණක් පත්ව සිටි සේඛ භික්ෂුවකි. එනිසා අපගේ ආනන්දයන් වහන්සේට භාග්‍යවතුන් වහන්සේව මතක් වුනා. භාග්‍යවතුන් වහන්සේ

කෙරෙහි ඇති බලවත් ස්නේහය හේතුවෙන් තවත් ශෝකයට පත්වුනා. කඳුළු වගුරුවාගෙන හඬා වැලපෙන්ට පටන් ගත්තා.

63. "අයියෝ... දැන්... අපගේ ගෞතමී තොමෝ.... සදා සංසිඳීමට පත්වෙන්ට යනවා. එසේ නම් ඉතින් අප බුදුරජාණන් වහන්සේත් වැඩි කල් නොයා ඇවිලෙමින් තිබෙන සොඳුරු ගින්නක් දර රහිතව නිවීමට පත්වෙන සෙයින් අයියෝ.... පිරිනිවී යාවි."

64. එතකොට අපගේ මහා ප්‍රජාපතී ගෞතමී තෙරණියෝ ආනන්දයන් වහන්සේට මේ වචන පැවසුවා. "ගම්භීර වූ ශ්‍රැති සාගරයාණෙනි, බුද්ධෝපස්ථානයෙහි නිරන්තරයෙන් නියැලී වාසය කරන අපගේ බුද්ධපුත්‍රයාණෙනි,

65. දැන් ඔය ශෝකයෙන් සිටීම නම් යුතු දෙයක් නොවෙයි. මේ එළඹ තියෙන්නේ හිනැහී සිටින්ට කාලයක් නොවැ. අමා නිවන වෙත එළඹී සිටින මා හට ලැබුණේ පුත්‍රයාණෙනි, ඔබගේ සරණ නොවැ.

66. අපගේ පුත්‍රයාණෙනි, ඔබ විසින් උනන්දු කරවන ලද අප බුදුරජාණන් වහන්සේ ස්ත්‍රීන් වූ අපට මේ බුදු සසුන් දායාදය වන භික්ෂුණී පැවිදි උපසම්පදාව ලබාදුන්නා නොවැ. එනිසා දරුවාණෙනි, සිතේ දුකක් ඇතිකරගන්ට එපා. එදා ඔබ ගත් උත්සාහය අතිශයින්ම ඵල සහිත යි.

67. පුරාණයේ සිටි තීර්ථක ආචාර්යවරුන්ටවත් දැකගන්නට නොහැකි වූ, සාක්ෂාත් කරගන්ට නොහැකි වූ, ඒ අමා නිවනක් ඇද්ද, පින්වත්

දරුවාණෙනි, සත්හැවිරිදි වියේ වූ සියුමැලි සිඟිති දියණිවරුත් මේ බුදු සසුනෙහි ඒ අමා නිවන් පිහිට සාක්ෂාත් කළා නොවැ.

68. උතුම් බුද්ධ ශාසනය පාලනය කරන පින්වත් පුත්‍රයාණෙනි, මං අද මේ ඔබව දකින්නේ අවසන් වතාවටයි. යම් තැනකට ගියවිට දෙවියන් බඹුන් මරුන් සහිත වූ ශ්‍රමණබ්‍රාහ්මණයන් සහිත වූ ලෝකයෙහි කිසිවෙකුට හෝ ඒ ගිය තැනැත්තාව හෝ තැනැත්තියව දකින්ට නොලැබේ ද, ආන්න එතැනටයි පුතණුවනි, අද මං මේ යන්නේ.

69. ලොවෙහි උත්තම නායකයාණන් වහන්සේ ධර්මය දේශනා කරමින් සිටිද්දී එක්තරා අවස්ථාවක කිවිසුමක් පිට කළා. ඒ අවස්ථාවෙහිදී මං මහත් අනුකම්පාවෙන් යුතුව මෙවන් ආශීර්වාද වචනයක් කීවා.

70. "මහා වීරයාණන් වහන්ස, චිරාත් කාලයක් වැඩසිටින සේක්වා..! මහා මුනිවරයාණන් වහන්ස, කල්පයක් සුවසේ වැඩසිටින සේක්වා..! සියලු ලෝකයාගේ ම යහපත පිණිස ජරාවක් මරණයක් නැතිව වැඩසිටින සේක්වා..!" කියලා.

71. එසේ කියූ ඒ මට අපගේ බුදුරජාණන් වහන්සේ මෙසේ වදාළා. "ගෞතමී, දැන් ඔබ යම් අයුරකින් තථාගතයන් වන්දනා කළා ද, බුදුවරයන් වහන්සේලා වන්දනා කළයුත්තේ ඔය අයුරින් නම් නොවේ."

72. "අනේ... සර්වඥයන් වහන්ස, එසේ නම් තථාගතයන් වහන්සේලාට වන්දනා කළයුත්තේ කොයි

ආකාරයෙන් ද? බුදුවරයන් වහන්සේලා නොවැඳිය යුත්තේ කොයි ආකාරයෙන් දැයි අසන්නා වූ මා හට ඔය කාරණාව පැහැදිලි කර දෙන සේක්වා..!"

73. එතකොට බුදුරජාණන් වහන්සේ මෙසේ වදාළා. "යම් විටෙක කෙලෙසුන් දුරුකරනු පිණිස පටන්ගත් වීරිය ඇති, කාය ජීවිත දෙක්හි අපේක්ෂා නැතිව, දහමට දිවි පුදා සිටින, කෙලෙස් දුරුකිරීමට නිරතුරුව යොදන ලද දැඩි වීරිය පරාක්‍රම ඇති, ඉතා සමගියෙන් වාසය කරන්නා වූ ශ්‍රාවක සංඝයාව දකින්නට ලැබෙයි නම්, ඒ දැකීම ම යි බුදුවරයන්ට කරන වන්දනාව."

74. එතකොට මං මෙහෙණ අසපුවට ගොහින් හුදෙකලාවේ ම මෙහෙම කල්පනා කරන්ට පටන් ගත්තා. "කාම, රූප, අරූප යන තුන් වැදෑරුම් භවය නිමා කොට නිවීමට පත්වූ අපගේ ලෝකනාථයන් වහන්සේ වීරියෙන් යුතුව ධර්මයේ හැසිරෙන සමගි සංඝයාව ම යි දකින්ට කැමති.

75. යම් දවසක සංඝයා අසමගිව සිටිනවා ද, මට නම් ඒ විපත දකින්ට ලැබෙන්ට එපා..! අනේ මං නම් ඉක්මනින් පිරිනිවන් පාන්ට ඕනෑ" කියා මෙහෙම සිතලයි මං සත්වැනි මහා ඉසිවරයන් වහන්සේව බැහැදැක්කේ.

76. දෙව් මිනිස් ලෝ සත නිවන් මගෙහි හික්මවන විනායකයාණන් වහන්සේට මං සැළකොට සිටියා "මට පිරිනිවන් පාන්ට මේ කාලය යි" කියලා. එතකොට අප මුනිඳාණෝ "ගෞතමී, ඔබ එයට කාලය දැනගන්න" කියා මට අවසර දී වදාළා.

77. මං කෙලෙස් දවා නැති කරලා දැම්මා. කාම, රූප, අරූප යන සෑම භවයක්මත් නසා දැම්මා. මං දැන් හැසිරෙන්නේ ආශ්‍රව රහිත වූ සිතින්. තමාව දැඩි ලෙස බැඳ තිබූ සෑම වරපටක් ම සිඳ බිඳ දමා නිදහසේ වනයේ හැසිරෙන ඇතින්නියක් වගේ.

78. බුද්ධ ශ්‍රේෂ්ඨයන් වහන්සේගේ සමීපයට එදා මං ආ ගමන ඒකාන්තයෙන් ම ඉතා යහපත් වූ පැමිණීමක් වුනා. මං ත්‍රිවිද්‍යාව ලබාගත්තා. බුද්ධ ශාසනය සම්පූර්ණ කළා.

79. අර්ථ, ධර්ම, නිරුක්ති, ප්‍රතිභාන යන සතර පටිසම්භිදාවන් මං ලබාගත්තා. අෂ්ට විමෝක්ෂත් සාක්ෂාත් කළා. ඉර්ධිවිධ ඤාණය, දිව්‍ය ශ්‍රවණ ඤාණය, පරචිත්ත විජානන ඤාණය, පුබ්බේ නිවාසානුස්සති ඤාණය, දිබ්බ චක්ඛු ඤාණය හා ආසවක්ඛය ඤාණය යන මේ සයවැදෑරුම් අභිඥාත් මං ලබාගත්තා. බුද්ධ ශාසනය සම්පූර්ණ කළා.”

80. ඒ අවස්ථාවේ අපගේ භාග්‍යවතුන් වහන්සේ මහා ප්‍රජාපතී ගෞතමියට මෙසේ වදාළා. “ගෞතමී, මේ ලෝකයේ නුවණ රහිත බාල උදවිය ඉන්නවා. ස්ත්‍රීන්ගේ ධර්මාවබෝධය ගැන ඔවුන්ට සැකයි. ඒ නිසා ඔවුන්ගේ මිසදිටු දුරුවීම පිණිස දැන් ඔබ ඉර්ධි ප්‍රාතිහාර්යය දක්වන්ට.”

81. එවිට මහා ප්‍රජාපතී මහරහත් තෙරණියෝ සම්බුදුරජාණන් වහන්සේට වන්දනා කොට අහසට පැනනැංගා. බුදුරජාණන් වහන්සේගේ අනුමැතියෙන් නොයෙක් ආකාරයට ඉර්ධි ප්‍රාතිහාර්යයන් දක්වන්ට පටන් ගත්තා.

82. පළමුවෙන් ම එතුමිය පමණක් ආකාසයේ තනිවම පෙනී හිටියා. ඊට පස්සේ ගෞතමී තෙරණිය බඳු බොහෝ සිය ගණන් භික්ෂුණීන් වහන්සේලා අහසේ පෙනී ගියා. නැවතත් ඒ බොහෝ භික්ෂුණීන් නොපෙනී ගොස් ගෞතමිය පමණක් දිස්වුනා. ඊට පස්සේ ආකාසයේ කිසිවෙක් නොපෙනී ගියා. නැවතත් ගෞතමී තෙරණිය ආකාසයේ පෙනෙන්ට පටන් ගත්තා. එතකොට එතුමිය ප්‍රාකාර අතරින් විනිවිද ගියා. මහා කඳු පර්වත අතරින් විනිවිද ගියා.

83. අහසේ සිටිය ගෞතමී තෙරණිය එක්වරම මහාපොළොවට පාත්වී ජලයේ කිමිදෙන්නියක් සෙයින් පොළොවෙහි කිමිදී ගියා. නැවත හැමෝටම පෙනුනේ විසල්පුර පොකුණෙහි ජලය මත මහාපොළොවෙහි සෙයින් එතුමිය ශාන්තව සක්මන් කරන ආකාරය යි.

84. ඊට පස්සේ එතුමිය අහසේ පියාසලා ඉගිලී යන කිරිල්ලියක සෙයින් පළඟක් බැඳගෙන අහස පුරා ගියා. ගෞතමී තෙරණිය බ්‍රහ්ම ලෝකය දක්වා සමස්ත ලෝකධාතුව ම තමන්ගේ වසඟයෙහි රඳවා ගත්තා.

85. ඊට පස්සේ එතුමිය සිනේරු පර්වතය මිටට අරගත්තා. මහා පෘථිවිය කුඩයට අරගත්තා. මහා පෘථිවිය මුලින් ම පෙරලා කුඩයක් සේ දරාගෙන අහසේ සක්මන් කරනා අයුරු හැමෝටම දකින්ට ලැබුනා.

86. ඊට පස්සේ සූර්යයන් සයක් පැයූ කලක් පරිද්දෙන් පෘථිවිය මුළුමනින් ම රත්වී ගොස් දුම් දමමින්

තිබෙනා අයුරු සියලු දෙනාට දකින්ට ලැබුණා. එවිට කල්පය අවසාන වී මහා පෘථිවිය ගිනිජාලාවෙන් වෙලී ගොස් තිබෙන ආකාරය පෙන්නුම් කළා. බැලූ බැලූ සෑම තැනක් ම ගින්නෙන් වෙලී ගොස් තිබෙන බවක් පෙන්නුම් කළා.

87. ඊට පස්සේ මුචලින්ද නමැති මහා ගලත්, මහාමේරු පර්වතයත්, මන්දාර පර්වතයත්, දද්දර පර්වතයත් ක්‍රමයෙන් කුඩා කොට, අබ ඇට තරම් කුඩා කොට ඒ සියල්ල ම තනි අතින් එකමිටට ගන්නා අයුරු හැමෝටමම පෙනුනා.

88. හිරුමඬල අහසේ පෙනෙද්දී සඳමඬලකුත් පෙනී ගියා. එතකොට ගෞතමී තෙරණිය සිය ඇඟිලි තුඩින් හිරුමඬලයි සඳමඬලයි දෙක ම වැසුවා. ඊට පස්සේ හැමෝම දැක්කේ හිරු සඳු දහස් ගණනක් ගෞතමී තෙරණියගේ සිරස මත මුදුන්මල්කඩක ආකාරයෙන් පිහිටා තිබෙන අයුරුයි.

89. ඊට පස්සේ ඕ තොමෝ සිව් මහා සමුද්‍රරෙහි ජලකඳ තමන්ගේ තනි අත්ලට ගත්තා. එසේ අත්ලට ගත් ජලකඳ අහසේ මුදුනට ගොසින් අතඇරියා. යුගාන්තයට වසිනා මහා වරුසාවක් සෙයින් ඒ ජලකඳ ආයෙමත් සාගරයට ඇදහැලුනා.

90. ඊට පස්සේ එතුමිය පිරිස් පිරිවරාගත් සක්විති රාජයෙකුගේ විලාසයෙන් අහසේ මැවී සිටියා. නැවත ඇය නොපෙනී ගොස් මහා ගුරුළුරාජයෙක් වී අහස්කුස වැසෙන තරමට අත්තටු විහිදාගෙන පියාසලා ගියා. නැවතත් ධවල හස්තිරාජයෙකුගේ වේශයෙන් අහසේ ඇවිදගෙන ගියා. නැවතත් මහා

සිංහරාජයෙකුගේ වේශයෙන් අහසේ ඔබමොබ දිව ගියා.

91. නැවතත් ගෞතමී රහත් තෙරණිය පමණක් අහසේ ඉන්නා හැටි කාටත් පෙනී ගියා. එක්වරම ගණන් නොකළ හැකි තරම් භික්ෂුණීන් වහන්සේලාගෙන් මුළු අහස්කුස ම පිරී ගියා. ටික වේලාවකින් ඒ සියල්ලෝ ම නොපෙනී ගියා. ගෞතමී තෙරණිය පමණක් අහසේ පෙනුනා. එතකොට ඕ තොමෝ අප මුනිරජාණන් වහන්සේට මෙය කීවා.

92. "මහා වීරයාණන් වහන්ස, නුඹවහන්සේගේ බුදු සසුන සම්පූර්ණ කළ මං නුඹවහන්සේගේ පුංචි අම්මා. සදහම් ඇස් ඇතියාණෙනි, ඉතින් ඒ පුංචි අම්මාටත් උතුම් අර්හත්වයට පත්වෙන්ට පුළුවන් වුනා. දැන් ඕ තොමෝ නුඹවහන්සේගේ සිරිපා කමල් වන්දනා කරනවා."

93. මේ අයුරින් අහස් තලයට වැඩම කොට නොයෙක් ආකාරයෙන් ඉර්ධි ප්‍රාතිහාර්යයන් දැක්වූ ගෞතමී රහත් තෙරණිය තුන්ලොව එකළු කරන පහනක් බඳු අප බුදුරජාණන් වහන්සේට වන්දනා කොට එකත්පස්ව වාඩිවී මෙසේත් කීවා.

94. "මහා මුනිවරයාණන් වහන්ස, මට දැන් උපතින් වයස අවුරුදු එකසිය විස්සක් වෙනවා. වීරයාණන් වහන්ස, මට එය හොඳටෝම සෑහේ. නායකයාණන් වහන්ස, මං පිරිනිවීමට යන්නම්."

95. එතකොට ප්‍රජාපතී තෙරණියගේ අද්භූත වූ

ඉර්ධිබලය ගැන අතිශයින්ම විස්මයට පත් සියලු පිරිස ඇයට වන්දනා කොට මෙය අසා සිටියා. "අනේ උත්තම ආර්යාවෙනි, ඇත්තෙන් ම මෙබඳු වූ අසිරිමත් ඉර්ධිබල පරාක්‍රමයක් ඔබතුමීට ලැබුණේ කොහොමද?"

96. ගෞතමී තෙරණිය තොමෝ මෙසේ විස්තර කළා. "පින්වත් දරුවෙනි, සියලු ධර්මයන් පිළිබඳව සදහම් ඇස් ඇති 'පියුමතුරා' නම් තුන්ලොව දිනූ බුදුරජාණන් වහන්සේ නමක් මෙයට කල්ප ලක්ෂයකට කලින් ලෝකයෙහි පහළ වුනා.

97. ඉතින් ඒ කාලේ මාත් ඒ හංසවතී නගරයේ මහා ධනවත් අමාත්‍ය පවුලක උපන්නා. අපට සෑම දේකින් ම අඩුපාඩුවක් නැතුව තිබුණා. හොඳ සරුසාර යි.

98. ඉතින් ඇතැම් අවස්ථාවලදී මං දාසී සමූහයා පිරිවරාගෙන මහා පිරිවරින් යුතුව අපගේ පියාණන්දෑ සමග ඒ පියුමතුරා නරෝත්තමයාණන් වහන්සේව බැහැදකින්ට යනවා.

99. පින්වත් දරුවෙනි, ඒ සම්බුදුරජාණෝ මට පෙනුනේ සක්විති රජෙක් වගේ. ඒ මුනිරජාණෝ දහම් අමා වැසි වැස්සුවා. ඒ නිකෙලෙස් නායකයාණන් වහන්සේ බැබළී ගොස් තිබුණේ පායන කාලයේ අහසේ නැගුණු හිරුමඬලක් වගේ.

100. මහා මුනිඳාණන්ව දුටු මාගේ සිත ගොඩාක් ම පැහැදුනා. ඒ මුනිඳුන්ගේ අසිරිමත් සුභාෂිත දහම්පද අසා මං තව තවත් පැහැදුනා. එදා ලෝකනාථයාණන්

වහන්සේ තමන් වහන්සේගේ පුංචි අම්මාව සිටි භික්ෂුණියකට අග්‍ර ධානාන්තර දී වදාරන අයුරු මං බලා සිටියේ පුදුමාකාර ආසාවකින්.

101. ඉතින් මාත් අටලෝ දහමින් අකම්පිත පියමතුරා මහා මුනිඳුන්ට සත් දවසක් මුළුල්ලේ මහදන් පූජා කරගත්තා. සංඝයා වහන්සේ සහිත ඒ නරශ්‍රේෂ්ඨයන් වහන්සේට නොයෙකුත් පුද පූජාවන් පැවැත්තුවා.

102. ඊට පස්සේ මං ඒ මහා වීරයාණන් වහන්සේගේ සිරිපා කමල් අබියස වැඳවැටී ඒ පුංචි අම්මා භික්ෂුණිය ලැබූ අග තනතුර මටත් කවදා හෝ ලැබේවා..! කියා ප්‍රාර්ථනාවක් කළා. එතකොට ඒ මහා ඉසිවරයාණන් වහන්සේ මහා පිරිස් මැද මං ගැන මෙසේ වදාළා.

103. "පින්වත්නි, සංඝයා සහිත වූ ලෝකනාථයන් වහන්සේට සත් දිනක් මුළුල්ලෙහි දන්පැන් වැළඳවූ යම් මේ කුලාංගනාවක් සිටී ද, මං දැන් මැයගේ අනාගතය ගැන කරුණු පවසන්නෙමි. මා කියනා මෙය අසන්ට.

104. මෙයින් කල්ප ලක්ෂයක් ඇවෑමෙන් ඔක්කාක නම් වූ රාජවංශයෙහි ගෞතම නමැති ගෝත්‍ර නාමයෙන් යුක්තව තථාගත අර්හත් සම්මා සම්බුදුරජාණන් වහන්සේ නමක් ලෝකයෙහි පහළ වන්නාහ.

105. එදාට ඒ ගෞතම බුදු සසුනේ අද දන් පිදූ මේ කුලාංගනාවෝ ගෞතමී යන නාමයෙන් යුක්තව ධර්ම දායාදයක්ව, ධර්මයෙන් නිර්මිතව, තථාගත ළයෙහි උපන් ශාස්තෘ ශ්‍රාවිකාවක් වන්නීය.

106. මෝ තොමෝ ඒ බුදුරජාණන් වහන්සේගේ ජීවිතය හදාවඩා පෝෂණය කරන පුංචි අම්මා බවට පත්වන්නී පැවිදිව බොහෝ කල් ගත කළ චිරරාත්‍රඥී භික්ෂුණිය බවටත් ඒ බුදු සසුනේ අග තනතුරු ලබන්නී ය."

107. පියමතුරා බුදුරජාණන් වහන්සේ මා ගැන වදාළ අනාගත වාක්‍යය අසා මං අපමණ ප්‍රීති සතුටකට පත්වුනා. ඒ මුනිඳාණන් වහන්සේට දිවි හිමියෙන් ම ඇප උපස්ථාන කළ මං අනිත්‍ය ධර්මයට අනුව කළුරිය කළා.

108. ඊට පස්සේ මං උපන්නේ තව්තිසා දෙව්ලොවයි. සියලු සැපයෙන් සමෘද්ධිමත්ව සිටි මං ඒ තව්තිසා දෙව්ලොව දස කරුණෙකින් සියලු දෙවියන් අභිභවා ගියා.

109. රූපයෙනුත්, ශබ්දයෙනුත්, ගන්ධයෙනුත්, රසයෙනුත්, පහසිනුත්, ඒ වගේම ආයුෂයෙනුත්, රූප සෝභාවෙනුත්, සැපයෙනුත්, ඒ වගේම යස පිරිවරිනුත්,

110. අධිපතිභාවයෙනුත් අනිත් දෙවිවරුන් අභිභවා ගියා. මගේ දිව්‍යමය වූ ජීවිතය සෑම අතින් ම බැබළුනා. එදා මං ඒ දෙව්ලොව සිටියදී සක්දෙව් මහරජුගේ ආදරණීය මහේෂිකාව බවටත් පත්වුනා.

111. සංසාරයේ සැරිසරා යද්දි කර්මය නමැති මහා සැඩ සුළඟින් ගසාගෙන ගොස් මං ආයෙත් වතාවක් මේ දඹදිව කාශි රජ්ජුරුවන්ගේ යටතේ පැවතුන දාස ගම්මානයක උපන්නා.

112. ඒ කාලේ ඒ දාස ගම්මානයේ අඩු නැතුව ම පන්සියයක දාස පිරිසක් වාසය කළා. ඒ දාසයන් අතර සියල්ලන්ට වඩා ජ්‍යෙෂ්ඨ වූ යම් දාසයෙක් සිටියා ද, ඔහුගේ බිරිඳ වශයෙනුයි මං වාසය කළේ.

113. ඔය කාලයේ පන්සියයක් පසේබුදුරජාණන් වහන්සේලා අපි ජීවත් වූ ගමටත් පිණ්ඩපාතේ වැඩියා. උන්වහන්සේලාව දැකගන්ට ලැබීම නිසා හැමෝගෙම සිත පැහැදුනා. ඉතින් මං අනිත් නෑයන් එක්ක එකතු වෙලා අසළ වනගත පෙදෙසක කුටි පන්සියයක් තැනෙව්වා. සාර මාසයක් ම ඒ කුටිවල උන්වහන්සේලාව වඩාහිඳුවාගෙන ප්‍රණීත දන්පැන්වලින් ඇප උපස්ථාන කළා. වස් අවසානයේදී අපි උන්වහන්සේලාට තුන් සිවුරුත් පූජා කරගත්තා. අපේ සැමියාත් ඒ පින්කම ගැන සිත සිතා සතුටු වුනා.

114. ඒ මිනිස් ආත්මෙන් චුතවෙලා ආයෙමත් අපි උපන්නේ තව්තිසා දෙව්ලොව යි. අපේ ස්වාමිවරු අපත් සමග ම එහි උපන්නා. දැන් මේ අන්තිම ආත්මභාවයේත් ඒ අපි හැමෝම දෙව්දහ නුවර එකට ම යි උපන්නේ.

115. මේ ආත්මයේ මාගේ පියාණන් වූයේ අඤ්ජන ශාක්‍ය රජ්ජුරුවෝ. සුලක්ඛණා දේවී තමයි මගේ මෑණියෝ. සරණ බන්ධනයට පත්වූ නිසා දෙව්දහ නුවරින් පිටත් වෙලා කිඹුල්වත් නුවර සුද්ධෝදන රාජ මාලිගයට අපි ආවා.

116. පන්සියයක් පසේබුදුරජාණන් වහන්සේලාට දන්පැන් පිදූ ආත්මයේ දාසියෝ වෙලා සිටි අනිත්

කාන්තාවෝ මේ ආත්මයේ උපන්නේ දෙව්දහ නුවර ශාක්‍ය රාජ වංශයේ ම යි. ඉතින් ඒ ශාක්‍ය කුලාංගනාවෝ ශාක්‍ය රජවරුන්ගේ බිරින්දෑවරු බවට පත්වුනා. ඒ හැමෝම අතරින් විශිෂ්ඨව සිටිය මං තුන්ලොව දිනූ මුනිඳාණන්ව හදාවඩා පෝෂණය කළ කිරිඅම්මා වුනා.

117. ඉතින් මං හැදූ වැඩූ ඒ අසිරිමත් පුත්‍රුවන ගිහි ජීවිතේ අත්හැර අබිනික්මන් කළා නොවැ. දෙව් මිනිසුන්ව නිවන් මග හික්මවන බුදුරජාණන් වහන්සේ බවට පත්වුනා. පස්සේ මමත් ඒ ශාක්‍ය කුලාංගනාවන් පන්සිය දෙනාත් සමග ගෞතම බුද්ධ ශාසනයේ පැවිදි වෙලා හිට,

118. නුවණැති, වීර්යවත් වූ ඒ ශාක්‍ය කාන්තාවන් හා එක්ව නිවී සැනහී ගිය ඒ අමා නිවන පසක් කළා. එදා පන්සියයක් පසේබුදුවරයන් වහන්සේලාට උපස්ථාන කළ ආත්මයේ දාසයන් වශයෙන් සිටිය අපගේ ස්වාමිවරු,

119. අපත් සමග ම එකට පින් කොට, දැන් ගෞතම සම්බුදු සසුන බබුළුවන සුගතයන් වහන්සේ වෙතින් ලද මහා අනුකම්පාව නිසා ඒ හැමෝටමත් උතුම් අර්හත්වයට පත්වෙන්ට පුළුවන් වුනා.”

120. ගෞතමී මහ තෙරණිය මෙය පැවසුවාට පසු අනිත් පන්සීයක් රහත් තෙරණින් වහන්සේලා අහසට පැනනැංගා. මහත් වූ ඉර්ධි බලයෙන් යුක්තව අහස්කුස දිලෙන තාරුකා සෙයින් බැබළි බැබළී සිටියා.

121. ඒ තෙරණින් වහන්සේලාත් නොයෙක් අයුරින් ඉර්ධි ප්‍රාතිහාර්යය දැක්වූවා. ඉතා දක්ෂ අයුරින් පුහුණුව ලැබූ රන්කරුවෙක් රනක් ලැබ එය මැනැවින් පිරිසිදු කොට ආභරණ තැනීමට සුදුසු ලෙස පදම් කොට එයින් අනේක සුන්දර වූ රන් අබරණ තනා පෙන්වන්නේ යම් සේ ද, එසෙයින් ම,

122. විචිත්‍ර ආකාරයෙන් අනේකවිධ ඉර්ධි ප්‍රාතිහාර්යයන් දක්වා සඟ පිරිස් සහිතව වැඩහුන්, උතුම් සදහම් වදාරන අප මුනීන්ද්‍රයන් වහන්සේව සතුටට පත්කළා.

123. ඊට පස්සේ ඒ සියලු රහත් තෙරණින් වහන්සේලා අහසින් බිමට වැඩියා. සත්වැනි මහා ඍෂිවරයන් වහන්සේව වන්දනා කළා. නරෝත්තමයන් වහන්සේගෙන් අවසර ලැබෙන පරිදි ඒ ඒ තැනින් වාඩිවුනා.

124. "මහා වීරයාණන් වහන්ස, අහෝ...! ආශ්චර්ය ය..! අපගේ ගෞතමී මහා තෙරණී තොමෝ අපි හැමෝම ගැන මහත් අනුකම්පාවෙන් යුක්තයි..! නුඹවහන්සේගේ මහා කුසල් බලයෙන් පිහිට ලැබූ අපටත් ආශ්‍රවයන් ප්‍රහාණය කොට අර්හත්වයට පත්වෙන්ට පුළුවන් වුනා.

125. අපිත් සියලු කෙලෙස් දවා නැතිකර දැම්මා. කාම, රූප, අරූප යන භවත්‍රය ම මුලින් ම සිඳ බිඳ නසා දැම්මා. යදම් වරපට සිඳ බිඳ දමා වනයට ගොස් නිදහසේ සැරිසරා යන ඇතින්නියන් සෙයින් අපි ද ආශ්‍රව නැතිකොට සැපසේ වාසය කරනවා.

126. බුද්ධ ශ්‍රේෂ්ඨයන් වහන්සේ වෙත එදා අපි ආ ගමන සත්තකින් ම ඉතාමත් යහපත් පැමිණීමක් වුනා. අපිත් ත්‍රිවිද්‍යාව සාක්ෂාත් කළා. උතුම් බුදු සසුන සම්පූර්ණ කරගත්තා.

127. අපිත් අර්ථ, ධර්ම, නිරුක්ති, ප්‍රතිභාන යන සතර පටිසම්භිදාවන් ලබාගත්තා. අෂ්ට විමෝක්ෂයනුත් සාක්ෂාත් කළා. ඒ වගේම ඉර්ධිවිධ ඤාණය, දිව්‍ය ශ්‍රවණ ඤාණය, පරචිත්ත විජානන ඤාණය, පුබ්බේ නිවාසානුස්සති ඤාණය, දිබ්බචක්ඛු ඤාණය හා ආසවක්ඛය ඤාණය යන සය වැදෑරුම් අභිඥාවන් අපිත් ලබාගත්තා. උතුම් බුදු සසුන සම්පූර්ණ කරගත්තා.

128. මහා මුනිවරයාණන් වහන්ස, අපි ඉර්ධීන් වශී කරලයි තියෙන්නේ. දිව්‍යශ්‍රවණ ඤාණයත් පරචිත්ත විජානන ඤාණයත් හොඳින් ප්‍රගුණ කොට ඒවාත් වශීභාවයට පත්කරගත්තා.

129. පෙර විසූ කඳ පිළිවෙළ ගැන දැන් අපිත් දන්නවා. දිවැස් නුවණත් හොඳට පිරිසිදු කරගත්තා. කාමාශ්‍රව, භවාශ්‍රව, දිට්ඨාශ්‍රව, අවිජ්ජාශ්‍රව යන මේ සියලු ආශ්‍රවයන් ක්ෂය කොට දැම්මා. දැන් ඉතින් අපට නැවත භවයක් හැදෙන්නේ නෑ.

130. මහා වීරයන් වහන්ස, අප තුළ තිබෙනා යම් අර්ථ පටිසම්භිදාවක් ඇද්ද, ධර්ම පටිසම්භිදාවක් ඇද්ද, නිරුක්ති පටිසම්භිදාවක් ඇද්ද, පටිභාන පටිසම්භිදාවක් ඇද්ද, මේ සිව් වැදෑරුම් පටිසම්භිදා ඤාණය අප තුළ උපන්නේ නුඹවහන්සේ ඉදිරියේදී ම යි.

131. නායකයාණන් වහන්ස, අපි ඉතාමත් මෛත්‍රී චිත්තයෙන් ම යි අපගේ ශාස්තෘන් වහන්සේව ඇසුරු කළේ. මහා මුනිවරයාණන් වහන්ස, අනේ අපටත් පිරිනිවන් පාන්ට අවසර දෙන සේක්වා..!"

132. එවිට තුන්ලෝ දිනූ අප මුනිඳාණෝ මෙසේ වදාළා. "අපටත් පිරිනිවන් පාන්ට ඕනෑය කියා මෙසේ පවසන්නියන් හට මං වෙන කුමක් කියන්ට ද..! යම් පිරිනිවීමක් පිණිස ඔබ කල් බලා සිටියා ද, ඒ කාලය දැන් දැනගන්න."

133. එතකොට මහා ප්‍රජාපතී ගෞතමී තෙරණියෝ අනිත් රහත් තෙරණින් වහන්සේලාත් සමග අප භාග්‍යවතුන් වහන්සේට ආදරයෙන් වන්දනා කළා. අසුනෙන් නැගිට පිටත්ව ගියා.

134. ඒ අවස්ථාවේදී මහාවීර වූ තුන්ලෝකාග්‍ර වූ ලෝකනාථයන් වහන්සේ මහා ජන සමූහයා සමගින් කූටාගාර ශාලා දොරකොටුව තෙක් සිය පුංචි අම්මා අනුව වැඩම කොට වදාළා.

135. එකල්හි ගෞතමී තෙරණියෝ අනිත් මෙහෙණින් වහන්සේලා සමග නැවතත් අවසාන වතාවට ශාස්තෘන් වහන්සේගේ පාකමල වන්දනා කරමින් ලෝකබන්ධු වූ බුදුරජාණන් වහන්සේගේ පාමුල වැඳවැටුනා.

136. "අපගේ ලෝකනාථයන් වහන්ස, මේ දෑසින් මං දකින්නේ මාගේ අන්තිම දැක්ම යි. අමිරිතයට ආකරයක් වූ නුඹවහන්සේගේ ඔය අසිරිමත් මුවමඬල ආයෙ කිසිදාක මට දකින්ට ලැබෙන්නේ නෑ.

137. මහා වීරයාණන් වහන්ස, නුඹවහන්සේගේ ඔය සියුමැලි සිරිපා යුග කොපමණ වැන්දත් ඇතිවෙන්නේ නෑ. තුන්ලෝකාග්‍ර මුනිදාණන් වහන්ස, මට ඔය ශ්‍රීපාද පද්මය ස්පර්ශ කරන්ට ඕනෑ. එසේය... මං අද පිරිනිවීමට යනවා නොවැ.

138. නුඹවහන්සේ වදාළ සත්‍ය ධර්මය අවබෝධ කරගත්තාට පස්සේ මට මේ රූපකායෙන් ඇති ප්‍රයෝජනය කුමක්ද? මේ සෑම දෙයක් ම හටගෙන තියෙන්නේ හේතුඵල දහමට අනුව යි. සෑම දෙයක් ම අස්වැසිලි රහිත යි. ඒ වගේම වැඩිකල් පවතින්නේ නෑ."

139. ඊට පස්සේ මහා ප්‍රජාපතී ගෞතමී තෙරණිය තොමෝ අනිත් රහත් තෙරණින් වහන්සේලා සමග බිමට යොමුකළ නෙතින් මෙහෙණවර අසපුවට වැඩියා. වැඩමකොට අර්ධ පළඟක් බැඳගෙන උතුම් ආසනයෙන් වැඩසිටියා.

140. එවිට බුද්ධ ශාසනය කෙරෙහි පහන් සිත් ඇති උපාසිකාවෝ ගෞතමී තෙරණියගේ පිරිනිවන් පෑමේ පුවත අසා එතුමිය වන්දනා කරගැනීමට මෙහෙණවරට එක්රැස් වුනා.

141. ඒ උපාසිකාවෝ ළයෙහි අත් ගස ගසා හඬමින්, වැලපෙමින් බිම හැපෙන්ට පටන් ගත්තා. මුල් සිඳී ගිය ලියවැල් සෙයින් පොළොව මත ඇදවැටුනා.

142. "අයියෝ..! සත්තකින් ම අපට පිහිට පිළිසරණ වූ අපට රැකවරණ සලසාලූ අපගේ උත්තමාවියනි, අපි හැමෝම ඔබතුමිය ඉදිරියේ සිරසින් වැඳ වැටී

වැටී එක ම දෙයයි ඉල්ලා සිටින්නේ. අනේ අපව අත්හැර දමා දැන් ම පිරිනිවන් පාන්ට එපා මයෙ උත්තමාවී...!

143. එතකොට ඒ උපාසිකාවන් අතර සිටි සැදැහැවත් වූත් නුවණැති වූත් යම් ප්‍රධාන තැනැත්තියක් වූවා ද, ඇයගේ හිස අතගා පිරිමදිමින් අප ප්‍රජාපතී ගෞතමී තෙරණියෝ මෙසේ කීවා.

144. "පින්වත් දරුවෙනි, මාර බන්ධනයට අනුගතව තිබෙන්නා වූ මේ හැඬීම්, වැලපීම්, ශෝක කිරීම්වලින් පලක් නෑ. හේතුඵල දහමට අනුව හටගත් සෑම දෙයක ම ස්වභාවය අනිත්‍ය වී යෑමයි. එක්වන සෑම දෙයක් ම වෙන්වීමෙන් අවසන් වෙනවා. නිරන්තරයෙන් ම වෙනස් වෙනවා.

145. ඊට පස්සේ අපගේ ගෞතමී තෙරණී තොමෝ ඒ උපාසිකාවන්ව බැහැරට පිටත් කළා. උතුම් ප්‍රථම ධ්‍යානයට සමවැදුනා. දෙවෙනි ධ්‍යානයටත්, තුන්වෙනි ධ්‍යානයටත්, සතරවැනි ධ්‍යානයටත් සමවැදුනා.

146. ඊට පස්සේ පිළිවෙළින් ආකාසානඤ්චායතනයට සමවැදුනා. විඤ්ඤාණඤ්චායතනයට සමවැදුනා. ආකිඤ්චඤ්ඤායතනයට සමවැදුනා. නේවසඤ්ඤානාසඤ්ඤායතනයට සමවැදුනා. නිරෝධ සමාපත්තියටත් සමවැදුනා.

147. ඊට පස්සේ ප්‍රතිලෝම වශයෙන් නිරෝධ සමාපත්තියෙන් මිදී නේවසඤ්ඤානාසඤ්ඤායතනයට සමවැදුනා.

එයින් මිදී ආකිඤ්චඤ්ඤායතනයටත් සමවැදුනා. මේ ක්‍රමයෙන් ප්‍රථම ධ්‍යානය දක්වා එකිනෙක ධ්‍යානවලට සමවැදුනා. නැවතත් ප්‍රථම ධ්‍යානයේ සිට දෙවෙනි, තුන්වෙනි, සතරවෙනි ධ්‍යානයන්ට සමවැදුනා.

148. සතරවෙනි ධ්‍යානයෙන් නැගීසිටි සැණින් තෙල් රහිත වූ පහනක් නිවී යන්නේ යම්සේ ද, එසෙයින් ම අපගේ මහා ප්‍රජාපතී ගෞතමී මහරහත් තෙරණිය තොමෝ පිරිනිවන් පෑවා. එකෙණෙහි ම මහා පෘථිවිය කම්පා වී ගියා. අහස පුරා විදුලි කෙටිලි පැතිරී පොළොවට වැදුනා.

149. අහස්කුස මහත් බැගෑ හඬකින් ගුගුරා ගිගුම් දුන්නා. දෙවියෝ හඬා වැලපෙන්ට පටන් ගත්තා. අහසේ සිට පොළොවට දිවමල් වරුසා ඇදහැලෙන්ට පටන් ගත්තා.

150. රංගභූමියක් මැද රඟ දෙන නළුවෙකු සෙයින් මහාමේරු පර්වතය සැලි සැලී කම්පා වෙන්ට පටන් ගත්තා. ශෝකයෙන් බැගෑපත් වූ කලෙක සෙයින් මහා සාගරය ද ශෝකාකුල වූ ඝෝෂාවක් කරන්ට පටන් ගත්තා.

151. එකෙණෙහි දෙවියෝත්, නාගයෝත්, අසුරයෝත්, බ්‍රහ්මයෝත් මහා සංවේගයට පත්ව මෙසේ පවසා සිටියා. "අහෝ..! මේ අර්හත් වූ උත්තමාවී යම් ආකාරයකින් නිවී ගියා ද, ඒකාන්තයෙන් ම හේතුඵල දහමින් සකස් වූ සෑම දෙයක් ම අනිත්‍ය යි.

152. ශාස්තෘන් වහන්සේගේ උතුම් අනුශාසනාව අනුව ම හැසිරුණු යම් තෙරණියන් වහන්සේලා මෙතුමිය පිරිවරාගෙන වාසය කළා ද, ඒ සියලු තෙරණිවරු තෙල් නැතිවීමෙන් නිවී යන පහන්සිළු සෙයින් උපාදාන නැතිවීමෙන් නිවී ගියා..!

153. අහෝ..! සියලු එක්වීම් වෙන්වීම් අවසන් කොට ඇත්තේ ය. අහෝ..! හේතුඵල දහමින් සකස් වූ සෑම දෙයක් ම අනිත්‍ය යි. අහෝ..! උපන් ජීවිතය නැසීයාම අවසන් කොට ඇත්තේය" මේ ආදී දේ කියමින් ඒ දෙවි දේවතාවෝ හඬා වැලපෙන්නට පටන් ගත්තා.

154. ඒ අවස්ථාවේ දෙවියෝත් බ්‍රහ්මයෝත් අපගේ සත්වැනි මහා ඉසිවරයන් වහන්සේ වෙත එළඹුනා. එළඹ සාදරයෙන් වන්දනා කොට ලෝදහම අනුව කාලානුරූපව කටයුතු කළා.

155. එවිට අපගේ ශාස්තෘන් වහන්සේ ශ්‍රැතිසාගර වූ ආනන්දයන් වහන්සේ අමතා මෙසේ වදාළා. "ආනන්දයෙනි, ඔබ යන්ට. බුද්ධමාතාවගේ පිරිනිවීම ගැන භික්ෂූන්ට දැනුම් දෙන්ට."

156. ගෞතමී මහා තෙරණියගේ පිරිනිවීම නිසාවෙන් ආනන්දයෙන් තොරවූ අපගේ ආනන්දයන් වහන්සේ කඳුළු වැකීගිය දෙනෙතින් යුතුව, පැටලිලි ස්වරයෙන් යුක්තව මෙය පවසා සිටියාහුය. "පින්වත් භික්ෂූන් වහන්සේලා මෙහි එක්රැස් වෙත්වා..!

157. නැගෙනහිර - දකුණු - බටහිර - උතුරු යන දිසාවන්හි වැඩවාසය කරන සුගතයාණන් වහන්සේගේ පුත්‍ර වූ

භික්ෂූන් වහන්සේලා මාගේ වචනය අසත්වා..!

158. අප මුනිඳාණන් වහන්සේගේ මේ අවසන් ආත්මයේදී තමන් වහන්සේව ඇතිදැඩි කොට පෝෂණය කළ යම් මව්තොමෝ කෙනෙක් සිටියාහු ද, ඒ ගෞතමී තෙරණී තොමෝ හිරුමඬල උදාවූ විට නොපෙනී යන තාරුකාවක් සෙයින් නිවී සැනහී පිරිනිවන් ගියාය.

159. යම් තැනකට එතුමිය ගියවිට අපගේ පංච නේත්‍රයන් වහන්සේ පවා කිසිදා එතුමීව නොදක්නා සේක් ද, ඕ තොමෝ "බුද්ධමාතා" යන අසම වූ ප්‍රඥප්ති නාමය පමණක් දෙව් මිනිස් ලෝකයෙහි රඳවා නිවී සැනහී පිරිනිවීමට ගියාය.

160. සුගතයාණන් වහන්සේ කෙරෙහි ශ්‍රද්ධාවක් යමෙකුගේ සිතෙහි ඇද්ද, අප මහා මුනීන්ද්‍රයන් වහන්සේ යමෙකුට ප්‍රිය වෙද්ද, ඒ බුද්ධපුත්‍රයන් වහන්සේ බුද්ධමාතාව කෙරෙහි සත්කාර කෙරෙත්වා..!"

161. ඉතා දුරින් වැඩසිටි ඇතැම් භික්ෂූන් වහන්සේලා අපගේ ආනන්දයන් වහන්සේගේ වචනය දිවකනින් අසා වහා එතැනට පැමිණියාහ. ඇතැම් භික්ෂූන් වහන්සේලා එහි වැඩියේ බුද්ධානුභාවයෙනි. ඉර්ධි බලයන්හි දක්ෂ වූ භික්ෂූන් වහන්සේලා වැඩම කළෝ ඉර්ධියෙනි.

162. අපගේ මහා ප්‍රජාපතී ගෞතමී තෙරණියෝ යම් ඇඳක සැතපී සිට පිරිනිවන් පෑවා ද, ඒ ඇඳ මුළුමනින් ම රනින් නිමවූ ඉතා අලංකාර වූ උතුම්

වූ උස්මුදුන් වහල ඇති රන් සිවිගෙයක තැන්පත් කළාහ.

163. ධෘතරාෂ්ට්‍ර, විරූඪ, විරූපාක්ෂ, වෛශ්‍රවණ යන ලෝකපාලක සිව්වරම් මහරජවරු ගෞතමී තෙරණියගේ දේහය තැන්පත් රන් සිවිගෙය උරහිසින් ඔසොවා ගත්තා. පිරිනිවන් පෑ අනිත් තෙරණින් වහන්සේලාගේ යහන් නැංවූ රන් සිවිගෙවල් සක් දෙවිඳු ආදී කොට ඇති අනිත් දෙවිවරු උරහිසින් ඔසොවා ගත්තා.

164. සියලු ම කූළුගෙවල් ගණනින් පන්සියයකි. විස්කම් දිව්‍යපුත්‍රයා විසින් සිය අසිරිමත් දේවානුභාවයෙන් නිමවන ලද ඒ රන් සිවිගෙවල් දිලිසී ගියේ සරත් කාලයේ අහස් මුදුනෙහි බබළන හිරුමඬල සෙයිනි.

165. ඒ සියලු තෙරණින් වහන්සේලාගේ දේහයන් ඇඳන් මත සතපවා තිබුණි. ඒ සියල්ල ම දෙවියන්ගේ උරහිසට ගන්නා ලදුව ආදාහනය කරනු ලබන ස්ථානය කරා ඔසොවාගෙන ගියා.

166. මුළු මහත් අහස්තලය ම අද්භූත වූ වියනකින් වැසී තිබුණි. ඒ වියන පුරා රනින් කරවන ලද සූර්යයා ද චන්ද්‍රයා ද සහිත වූ තාරුකාවෝ බැබළී තිබුණි.

167. නොයෙක් ධජ පතාකයන් අහස්කුස එසැවී තිබුණි. අලංකාර මාලාදාමයන්ගෙන් සරසන ලද මල් කඤ්චුකයන් ද හාත්පස පැතිරී තිබුණි. පිපී ගිය නෙලුම් අහස්කුසෙහි එල්බෙමින් තිබුණි. මහා පෘථිවියෙන් අනේක වර්ණයෙන් යුතු අලංකාර මල් මතුවී පිපී ගොස් තිබුණි.

168. හිරුත් සඳත් දෙක ම එක්වර දකින්ට ලැබුණේය. තාරුකාවෝත් දකින්ට ලැබුණේය. සඳ එළියෙන් කිසිවෙකුටත් පීඩාවක් නැති සෙයින් එදා මධ්‍යාහ්න හිරුමඬලින් ද කිසිවෙකුට හෝ පීඩාවක් ඇතිවුනේ නෑ.

169. දෙව් දේවතාවෝ දිව්‍ය සුවඳ වගුරුවමින් රන් සිවිගෙවල් පුදන්නට පටන් ගත්තා. දිව්‍ය පුෂ්පයන්ගෙන් පුදන්නට පටන් ගත්තා. දිව්‍යමය වූ වාද්‍ය වෘන්දයන්ගෙනුත් දිව්‍යමය වූ නෘත්‍යයන්ගෙනුත් දිව්‍යමය වූ සංගීතයෙනුත් පුදන්නට පටන් ගත්තා.

170. නාගයෝත්, අසුරයෝත්, බ්‍රහ්මයෝත් පිරිනිවී ගිය බුද්ධමාතාව ආදාහන මළුව කරා දෙවිවරුන් විසින් රැගෙන යන ආදාහන පෙරහැරට ශක්ති පමණින් පුදපූජා පැවැත්තුවා.

171. පිරිනිවන් වැඩි සුගතපුත්‍රී වූ ඒ සියලු තෙරණින් වහන්සේලාගේ රන් සිවිගෙවල් ඉදිරියෙන් වඩමවාගෙන ගියා. අපගේ බුදුරජාණන් වහන්සේ ළදරු අවදියෙහි හදාවඩා පෝෂණය කළ ගෞතමී බුද්ධමාතාවගේ රන් සිවිගෙය සියලු සත්කාර සම්මාන මධ්‍යයේ වඩමවාගෙන යන ලද්දේ අවසානයට ය.

172. අපගේ මහා ප්‍රජාපතී ගෞතමී තෙරණියගේ පිරිනිවන් පෑම අතිශයින් ම පුදුම සහගත ආශ්චර්යජනක දෙයක් විය. එබඳු වූ ආශ්චර්ය බවක් සම්බුද්ධ පරිනිර්වාණයේදීවත් සිදුවූයේ නෑ.

173. බුදුරජාණන් වහන්සේගේ පරිනිර්වාණයේදී එය දකින්නට බුදුරජාණන් වහන්සේ වැඩනොසිටි සේක. එසේම සාරිපුත්ත, මහා මොග්ගල්ලාන ආදී අනේක ශ්‍රී ඇති උතුම් භික්ෂු සංඝයා වහන්සේ ද වැඩනොසිටි සේක. නමුත් ගෞතමී පරිනිර්වාණයේදී බුදුරජාණන් වහන්සේත් වැඩසිටි සේක. සාරිපුත්ත, මහා මොග්ගල්ලාන ආදී අග්‍රශ්‍රාවකයන් වහන්සේලා ද මහා ශ්‍රාවකයන් වහන්සේලා ද ඒ ආදාහන උත්සවයේදී දකින්නට ලැබුණි.

174. දෙවියෝත් මිනිස්සුත් සියලු සුවඳ වර්ගයන්ගෙන් ඒ චිතකයන් සකස් කරවා රහත් තෙරණින් වහන්සේලාගේ දේහයන් ඒ මත නංවා ඒ සියල්ල ආදාහනය කළා.

175. ගෞතමී තෙරණියගේ අස්ථි ධාතු පමණක් ඉතිරි වී ශරීරගත අවශේෂ සියලු කොටස් සම්පූර්ණයෙන් ම දැවී ගියා. එකල්හි අපගේ ආනන්දයන් වහන්සේ සංවේගය දනවන මේ වචනය පැවසුවා.

176. "අහෝ..! අපගේ ගෞතමී තෙරණී තොමෝ නිවීමට පත්වී ගියා නොවැ. එතුමියගේ ශරීරයත් දැන් දැවී අවසන් වුනා. මාගේ සිතෙහි සැකයක් උපන්නේය. අනේ... අපගේ බුදුරජාණන් වහන්සේගේ පරිනිර්වාණයත් වැඩිකල් නොගොස් සිදුවන්නේ ද..!"

177. ඉක්බිති භාග්‍යවතුන් වහන්සේගේ මෙහෙයවීමෙන් අපගේ ආනන්දයන් වහන්සේ ගෞතමී මහා තෙරණියගේ අස්ථි ධාතූන් වහන්සේලා ඇයගේ ම

පාත්‍රයට පුරවාගෙන ලෝකනාථයන් වහන්සේගේ ශ්‍රී හස්තයට ලබාදුන්නා.

178. ඒ අස්ථි ධාතූන් වහන්සේලා පිරි පාත්‍රය ශ්‍රී හස්තයෙන් පිළිගත් සත්වැනි අපගේ මහා ඉසිවරයන් වහන්සේ මෙසේ වදාළා. "ඉතා සාරවත් අරටුව සහිත වූ මහා වෘක්ෂයක් තිබෙන්නේ යම්සේ ද,

179. ඒ මහා වෘක්ෂයේ කඳ අනිත්‍යතාවය නිසාවෙන් වැනසී යන්නේ යම් ආකාරයෙන් ද, එසෙයින් ම භික්ෂුණී සංඝයාගේ මහත් වූ සාරවත් කඳ බඳු ගෞතමී පිරිනිවී ගියාය..!

180. අහෝ..! ආශ්චර්යයකි. මා හැදූ වැඩූ අම්මා සිය සිරුර පමණක් ඉතිරි කොට පිරිනිවී ගිය කල්හිත් මාගේ සිතෙහි කිසි ශෝක වැලපීමක් හටනොගනී..!

181. බිහිසුණු සංසාර සාගරය ඕ තරණය කළාය..! සියලු දුක් සෝතැවුල් ඕ නසා දැම්මාය..! සිහිල් වී ගියාය..! සොඳුරු වූ නිවීමකට පත්වී ගියාය..! මේ ගැන අන්‍යයන් විසින් සෝක නොවිය යුත්තේය.

182. මහණෙනි, ගෞතමී පිළිබඳව මෙසේ දරාගනිව්. 'ඕ තොමෝ නුවණැති වූවාය. මහාප්‍රාඥ වූවාය. පැතිරගිය පුළුල් ප්‍රඥාවෙන් යුතු වූවාය. භික්ෂුණීන් අතර පැවිදිව බොහෝ කල් ගතකළ තැනැත්තී චිරරාත්‍රඥී වූවාය.

183. ඒ ගෞතමී තොමෝ ඉර්ධි විෂයෙහි වශීප්‍රාප්ත වූවාය. දිව්‍ය ශ්‍රවණයෙහිත් පරචිත්ත විජානන ඤාණයෙහිත් වශීප්‍රාප්ත වූවාය.

184. අර්ථ, ධර්ම, නිරුක්ති, ප්‍රතිභාන යන සතර පටිසම්භිදාවෙහි එතුමිය තුළ තිබූ ඥාණය ඉතා පිරිසිදු ය.' එහෙයින් ගෞතමීගේ පරිනිර්වාණය යනු ශෝකාකූල වීමට කරුණක් නොවේ.

185. යකඩ කුළුගෙඩියකින් යකඩයකට පහර දුන් කල්හි දැල්වෙන ගිනි පුපුරු විසිවී ගොස් නොපෙනී යයි. ඒ ගින්න ගිය තැනක් සොයාගත නොහැක්කේය. දකින්ට නැත්තේය.

186. එසෙයින් ම සියලු කෙලෙසුන්ගෙන් මනාකොට මිදී ගිය, කාම බන්ධන සහිත කෙලෙස් සැඩපහර මනාකොට තරණය කළ, අචල වූ අමා නිවනට පත්වූ රහතන් වහන්සේ හට දිව්‍ය මනුෂ්‍ය ආදී උපතක් පනවන්නට නැත්තේය.

187. එහෙයින් මහණෙනි, තමාව පිහිට කොටගෙන වාසය කරව්..! සතර සතිපට්ඨානයට යොමුකරගත් සිත් ඇතිව වාසය කරව්..! සති, ධම්මවිචය, විරිය, ප්‍රීති, පස්සද්ධි, සමාධි, උපේක්ෂා යන බොජ්ඣංග ධර්මයන් ප්‍රගුණ කොට මේ බිහිසුණු සසර දුක අවසානයකට පත්කරව්..!"

සාදු! සාදු!! සාදු!!!

අනුවාදය - මහා ප්‍රජාපතී ථේරී අපදානය

මහාමේඝ ප්‍රකාශන

- **ත්‍රිපිටක පොත් වහන්සේලා :**

01. **දීඝ නිකාය 1 කොටස**
(සීලක්ඛන්ධ වර්ගය)
02. **දීඝ නිකාය 2 කොටස**
(මහා වර්ගය)
03. **දීඝ නිකාය 3 කොටස**
(පාථික වර්ගය)
04. **මජ්ඣිම නිකාය 1 කොටස**
(මූල පණ්ණාසකය)
05. **මජ්ඣිම නිකාය 2 කොටස**
(මජ්ඣිම පණ්ණාසකය)
06. **මජ්ඣිම නිකාය 3 කොටස**
(උපරි පණ්ණාසකය)
07. **සංයුත්ත නිකාය 1 කොටස**
(සගාථ වර්ගය)
08. **සංයුත්ත නිකාය 2 කොටස**
(නිදාන වර්ගය)
09. **සංයුත්ත නිකාය 3 කොටස**
(ඛන්ධක වර්ගය)
10. **සංයුත්ත නිකාය 4 කොටස**
(සළායතන වර්ගය)
11. **සංයුත්ත නිකාය 5 කොටස**
(මහා වර්ගය - 1)
12. **සංයුත්ත නිකාය 5 කොටස**
(මහා වර්ගය - 2)
13. **අංගුත්තර නිකාය 1 කොටස**
(ඒකක, දුක, තික නිපාත)
14. **අංගුත්තර නිකාය 2 කොටස**
(චතුක්ක නිපාත)
15. **අංගුත්තර නිකාය 3 කොටස**
(පඤ්චක නිපාත)
16. **අංගුත්තර නිකාය 4 කොටස**
(ඡක්ක, සත්තක නිපාත)
17. **අංගුත්තර නිකාය 5 කොටස**
(අට්ඨක, නවක නිපාත)
18. **අංගුත්තර නිකාය 6 කොටස**
(දසක, ඒකාදසක නිපාත)
19. **ඛුද්දක නිකාය 1 කොටස**
(ඛුද්දකපාඨ පාළි, ධම්මපද පාළි, උදාන පාළි, ඉතිවුත්තක පාළි)
20. **ඛුද්දක නිකාය 2 කොටස**
(විමාන වත්ථු , ප්‍රේත වත්ථු)

- **ධර්ම දේශනා ග්‍රන්ථ :**

01. කියන්නම් සෙනෙහසින් මිය නොයන් හිස් අතින්
02. තෝරාගනිමු සැබෑ නායකත්වය
03. දම් දියෙන් පණ දෙව් විමන් සැප
04. ගිහි ගෙයි ඔබ ඇයි?
05. මෙන්න නියම දේවදූතයා
06. අතරමං නොවීමට...
07. සුන්දර ගමනක් යමු
08. ලෙඩ දුක් වලින් අත්මිදෙමු
09. ලෝකය හැදෙන හැටි
10. මරණය ඉදිරියේ අසරණ නොවීමට නම්
11. අපේ නව වසර බුද්ධ වර්ෂයයි
12. සැබෑ බිරිඳ කවුද?
13. රහතුන්ගේ ධර්ම සාකච්ඡා
14. සැබෑ දියුණුවේ රන් දොරටුව
15. ස්වර්ණමාලී මහා සෑ වන්දනාව
16. ගෞතම සසුනේ පිහිට ලබන්නට...
17. පින සහ අවබෝධය
18. සැබෑ බසින් මෙම සෙත සැලසේවා !
19. සුගතියට යන සැලැස්මක්
20. පිනක මහිම

- **සදහම් ග්‍රන්ථ :**

01. පිරුවානා පොත් වහන්සේ
02. ඔබේ සිත සමඟ පිළිසඳරක්
03. සිතට සුවදෙන භාවනා
04. පින් මතුවෙන වන්දනා
05. ශ්‍රී සම්බුද්ධත්ව වන්දනා
06. සිරි ගෞතම බෝධි වන්දනාව
07. අසිරිමත් පසේබුදු පෙළහර
08. අනේ..! අපේ කථාවත් අහන්න...
09. ධාතුවංශය
10. නුවණැතියන් සද්ධර්මයට පමුණුවන අසිරිමත් පොත් වහන්සේ - නෙත්තිප්පකරණය
11. මහාවංශය
12. පාළි - සිංහල මහා සතිපට්ඨාන සූත්‍ර දේශනාව

● ජාතක කථා පොත් පෙළ :

01. නුවණ වැඩෙන බෝසත් කථා 1
02. නුවණ වැඩෙන බෝසත් කථා 2
03. නුවණ වැඩෙන බෝසත් කථා 3
04. නුවණ වැඩෙන බෝසත් කථා 4
05. නුවණ වැඩෙන බෝසත් කථා 5
06. නුවණ වැඩෙන බෝසත් කථා 6
07. නුවණ වැඩෙන බෝසත් කථා 7
08. නුවණ වැඩෙන බෝසත් කථා 8
09. නුවණ වැඩෙන බෝසත් කථා 9
10. නුවණ වැඩෙන බෝසත් කථා 10
11. නුවණ වැඩෙන බෝසත් කථා 11
12. නුවණ වැඩෙන බෝසත් කථා 12
13. නුවණ වැඩෙන බෝසත් කථා 13
14. නුවණ වැඩෙන බෝසත් කථා 14
15. නුවණ වැඩෙන බෝසත් කථා 15
16. නුවණ වැඩෙන බෝසත් කථා 16
17. නුවණ වැඩෙන බෝසත් කථා 17
18. නුවණ වැඩෙන බෝසත් කථා 18
19. නුවණ වැඩෙන බෝසත් කථා 19
20. නුවණ වැඩෙන බෝසත් කථා 20
21. නුවණ වැඩෙන බෝසත් කථා 21
22. නුවණ වැඩෙන බෝසත් කථා 22
23. නුවණ වැඩෙන බෝසත් කථා 23
24. නුවණ වැඩෙන බෝසත් කථා 24
25. නුවණ වැඩෙන බෝසත් කථා 25
26. නුවණ වැඩෙන බෝසත් කථා 26
27. නුවණ වැඩෙන බෝසත් කථා 27
28. නුවණ වැඩෙන බෝසත් කථා 28
29. නුවණ වැඩෙන බෝසත් කථා 29
30. නුවණ වැඩෙන බෝසත් කථා 30
31. නුවණ වැඩෙන බෝසත් කථා 31
32. නුවණ වැඩෙන බෝසත් කථා 32
33. නුවණ වැඩෙන බෝසත් කථා 33
34. නුවණ වැඩෙන බෝසත් කථා 34
35. නුවණ වැඩෙන බෝසත් කථා 35
36. නුවණ වැඩෙන බෝසත් කථා 36
37. නුවණ වැඩෙන බෝසත් කථා 37

● අලුත් සදහම් වැඩසටහන :

01. දුක් බිය නැති ජීවිතයක්
02. දස තථාගත බල
03. දෙව්ලොව උපත රැකවරණයකි
04. නුවණ වැඩීමට පිළියමක්
05. ලොවෙහි එකම සරණ
06. මෙන්න දුකේ රහස
07. නුවණ ලැබීමට මුල් වන දේ
08. නිවැරදි ලෙස දහම දැකීම
09. මොකක්ද මේ ක්ෂණ සම්පත්තිය?
10. පඤ්ච උපාදානස්කන්ධය
11. ප්‍රඥාවමයි උතුම්
12. නුවණින් විමසීම අපතේ නොයයි
13. පිහිටක් තියෙනවා ම යි
14. කොහොමද පිහිට ලැබගන්නේ...?
15. බුදු නුවණින් පිහිට ලබමු
16. අසිරිමත් දහම් සාකච්ඡා
17. දිව්‍ය සභාවක අසිරිය
18. ආර්ය ශ්‍රාවකයාගේ අවබෝධය
19. අසිරිමත් මහාකරුණාව!
20. විස්මිත පුහුණුව
21. අපට සොඳ ය සියුම් නුවණ
22. දුකෙන් මිදෙන්ට ඕනෑ නැද්ද?
23. නුවණැත්තෝ දකිති දහම
24. තමාට වෙන දේ තමාවත් නොදනියි
25. දැන ගියොත් තිසරණයේ, නොදැන
ගියොත් සතර අපායේ
26. විහින් අමාරුවේ වැටෙන්න එපා!
27. නුවණින් ම යි යා යුත්තේ
28. සැබෑ පිහිට හඳුනාගනිමු

● සදහම් සිතුවම් පොත් පෙළ :

01. ඡත්ත මාණවක
02. බාහිය දාරුචීරිය මහරහතන් වහන්සේ
03. පිණ්ඩෝල භාරද්වාජ මහරහතන් වහන්සේ
04. සුමන සාමණේර
05. අම්බපාලී මහරහත් තෙරණියෝ
06. රට්ඨපාල මහරහතන් වහන්සේ
07. සක්කාර නුවර මසුරු කෝසිය
08. කිසාගෝතමී
09. උරුවේල කාශ්‍යප මහරහතන් වහන්සේ
10. සංකිච්ච මහරහතන් වහන්සේ
11. සුප්පබුද්ධ කුෂ්ඨ රෝගියා
12. නිවී ගිය සේක බුද්ධ දිවාකරයාණෝ
13. සුමන මල් වෙළෙන්දා
14. කාලි යක්ෂණිය
15. මුගලන් මහරහතන් වහන්සේ
16. ලාජා දෙවඟන
17. ආයුවඩ්ඪන කුමාරයා

18. සන්තති ඇමති
19. මහධන සිටුපුත්‍රයා
20. අනේපිඬු සිටුතුමා
21. නන්ද මහරහතන් වහන්සේ
22. මණිකාර කුළුපග තිස්ස තෙරණුවෝ
23. විශාඛා මහෝපාසිකාව
24. පතිපූජිකාව
25. සිරිගුත්ත සහ ගරහදින්න
26. මහාකස්සප මහරහතන් වහන්සේ
27. අහෝ දෙව්දත් නොදිටි මොක්පුර
28. භාගිනෙය්‍ය සංඝරක්ඛිත මහරහතන් වහන්සේ
29. උදලු කෙටිය
30. සාමාවතී සහ මාගන්දියා
31. සිරිමා
32. බිළාලපාදක සිටුතුමා
33. මඝවා නම් වූ සක්දෙවිඳු
34. ආනන්දය, සර්පයා දුටුවෙහි ද?
35. සුදොවුන් නිරිඳු
36. සුමනා දේවිය
37. නමෝ බුද්ධාය
38. චෝරඝාතක
39. සිදුරු පහේ ගෙදර
40. අග්ගිදත්ත බ්‍රාහ්මණයා

- **ඉංග්‍රීසි භාෂාවට පරිවර්තනය වී ඇති ධර්ම දේශනා ග්‍රන්ථ :**

01. Mahamevnawa Pali-English Paritta Chanting Book
02. The Wise Shall Realize
03. The life of Buddha for children
04. Buddhism

- **ඉංග්‍රීසි භාෂාවට පරිවර්තනය වී ඇති සූත්‍ර දේශනා ග්‍රන්ථ :**

01. Stories of Ghosts
02. Stories of Heavenly Mansions
03. Stories of Sakka, Lord of Gods
04. Stories of Brahmas
05. The Voice of Enlightened Monks
06. The Voice of Enlightened Nuns
07. What Does the Buddha Really Teach? (Dhammapada)
08. What Happens After Death - Buddha Answers
09. This Was Said by the Buddha
10. Pali and English Maha Satipatthana Sutta

- **ඉංග්‍රීසි භාෂාවට පරිවර්තනය වී ඇති සදහම් සිතුවම් පොත් :**

01. Chaththa Manawaka
02. The Great Arhant Bahiya Darucheeriya
03. The Great Arhant Pindola Bharadvaja
04. Sumana the Novice monk
05. The Great Arahath Bikkhuni Ambapali
06. The Great Arahant Rattapala
07. Stingy Kosiya of Town Sakkara
08. Kisagothami
09. Sumana The Florist
10. Kali She-devil
11. Ayuwaddana Kumaraya
12. The Banker Anathapindika
13. The Great Disciple Visākhā
14. Siriguththa and Garahadinna

අංක 70/A/7/OB, YMBA ගොඩනැගිල්ල, බොරැල්ල, කොළඹ 08
දුර : 077 47 47 161 / 011 425 59 87
ඊ-මේල් : thripitakasadahambooks@gmail.com

www.ingramcontent.com/pod-product-compliance
Lightning Source LLC
LaVergne TN
LVHW021240080526
838199LV00088B/5293
9789556871654